FALTPLAN

»Schreiben Sie uns!

Wir hoffen, dass Ihnen dieser Reiseführer gefällt und er Ihnen ein guter Begleiter auf einer außergewöhnlichen und spannenden Reise ist.

Weil ein Reiseführer von Erfahrungen lebt, sind wir an Ihren Erlebnissen interessiert: Haben Sie im Buch ein Restaurant entdeckt, das es nicht mehr gibt, eine Sehenswürdigkeit, die wir noch nicht aufgeführt haben, oder eine falsche Adresse? Dann schreiben Sie uns!

Wir nehmen jeden Hinweis und jede Kritik ernst und arbeiten kontinuierlich daran, die Bücher aktuell zu halten und immer weiter zu verbessern. Auch wenn wir nicht jeden Wunsch erfüllen können, machen wir uns immer Gedanken über Ihre Anmerkungen.

Schreiben Sie an: info@reise-know-how.de oder Reise Know-How Verlag Peter Rump GmbH, Postfach 140666, 33626 Bielefeld

Wenn sich Ihre Infos direkt auf das Buch beziehen, bitten wir um die Angabe der Seitenzahl und der Auflagennummer bzw. des Erscheinungsjahres. Besonders hilfreiche Beiträge belohnen wir mit einem Sprachführer Ihrer Wahl aus unserer „Kauderwelsch"-Reihe.

Herzlichen Dank und gute Reisen
Ihr Reise Know-How Verlag

Diesem Buch wurde hier ein herausnehmbarer Faltplan beigefügt.
Sollte er beim Erwerb des Buches nicht mehr vorhanden sein, fragen Sie bitte bei Ihrem Buchhändler nach.

Liebe Leserin, lieber Leser,

ein unabhängiger Verlag für unabhängig Reisende – das sind wir, der Reise Know-How Verlag aus Bielefeld, eines der letzten Familienunternehmen in der Branche. Obwohl wir zu den größten Reiseführerverlagen Deutschlands gehören, ist der familiäre Umgang miteinander in allen Bereichen des Verlagslebens zu spüren: In der Geschäftsführung in zweiter Generation, in einer wertschätzenden Arbeitsatmosphäre, in der Nähe zu unseren frei arbeitenden Autorinnen und Autoren, im engen Austausch mit unseren Leserinnen und Lesern – und auch in der Zusammenarbeit mit Druckereien in Deutschland, in denen wir ausschließlich und regional unsere Bücher produzieren. Die sollen schließlich erst mit Ihnen auf große Reise gehen.

Alles, was wir in unsere Bücher und Landkarten stecken, soll Ihnen eines ermöglichen: Auf Ihre ganz eigene, individuelle Weise die Welt zu entdecken. Wir wünschen Ihnen viel Freude und unvergessliche Erlebnisse mit diesem Reiseführer.

Es grüßen herzlich
Peter Rump & Wayan Rump

Das Glück ist eine Insel

Inzwischen habe ich es aufgegeben, meine Besuche auf Texel zu zählen. Es dürften über 30 sein. Wir wohnen in Den Haag, nur eineinhalb Stunden vom Fährhafen in Den Helder entfernt. Von dort bin ich in nur 20 Minuten auf der Insel. Ist auf Texel Sonne angesagt, aber auf dem Festland nur graue Suppe, dann geht's los. Während der Vogelbrutzeit im Frühling trifft man mich am Vogel-Boulevard (s. S. 83), im Sommer in der Strandbar Kaap Noord (s. S. 53) und an stürmischen Wintertagen im Strandpaviljoen Paal 17 (s. S. 42) auf eine warme Chocolademelk.

Als unser Sohn noch mit dabei war, zog er mit dem Strandräuber Maarten los (s. Hotel De Waal auf S. 34), kuschelte auf dem Schafbauernhof (s. S. 124) mit den Lämmern oder schaute im Ecomare 9 bei der Robbenfütterung zu.

So gibt es immer einen Grund, nach Texel zu reisen. Denn jeder, der einmal seinen Urlaub auf einer Insel verbrachte, weiß: Schon auf der Fähre weht der Wind den Alltag davon, die Sorgen perlen ab und der Tagesablauf richtet sich nach dem Wetter, dem Rhythmus der Natur, dem Auf und Ab der Gezeiten. Nichts muss, alles kann.

Die Autorin

Aufgewachsen zwischen Weinbergen und Biergärten zog es die gebürtige Fränkin **Ulrike Grafberger** erst nach Italien, dann nach Hamburg und später nach Holland, wo sie sich nicht nur in das Land, sondern auch in einen Holländer verliebte (den sie – wo auch sonst? – auf Texel geheiratet hat). Das ist 20 Jahre her und seitdem lebt sie mit Mann und Sohn in Scheveningen/Den Haag an der holländischen Nordseeküste.

Ulrike Grafberger berichtet regelmäßig über Land und Leute – in Büchern, Artikeln und auf eigenen Websites. Für den Reise Know-How Verlag schrieb sie mehrere CityTrips (u. a. Groningen mit Leeuwarden), InselTrips (Ameland und Terschelling) sowie umfangreiche Reiseführer über Zeeland und die gesamten Niederlande. Zuletzt erschien das Buch „Soul Places Niederlande“.

101tx-ug

Meine

002tx-ug

⑫ Vuurtoren Texel (Leuchtturm) [D1]

Er ist schon 160 Jahre alt, sieht aber immer noch gut aus: Der Leuchtturm am nördlichen Ende der Insel ist das leuchtend rote Wahrzeichen Texels. Wer die Spitze erklimmt, wird mit einem traumhaften Blick über den Strand bis zur Insel Vlieland belohnt und erfährt nebenbei eine Menge über die Geschichte von Texel (s. S. 46).

003tx-ug

⑲ Oudeschild [D7]

Mit einem Fischbrötchen sitzt man hier am Hafen und der Blick fällt auf die schöne Windmühle, den Deich mit den grasenden Schafen, die Fischkutter und Kapitäne mit ihren windgegerbten Gesichtern. Nun schnell zu Ende essen und aufs Boot: Die Tour führt zu den Seehundbänken (s. S. 59).

007tx-ug

㊵ Hoge Berg [D7]

Kleiner, hoher Berg: Gerade mal 15 m ist der Hoge Berg hoch. Die Bergschuhe kann man also zu Hause lassen. Auch springen hier keine Gämsen über die Wiese, sondern viele Schafe. Außer denen gibt es eine hügelige Landschaft mit Grassodenwällen, Schafscheunen und Bauernhäusern – echte Texel-Idylle (s. S. 85).

004tx-ug

㉞ De Slufter [C3]

Im Winter nach einer Sturmflut komplett überflutet und im Sommer von einem lilafarbenen Teppich aus Strandastern überzogen – das Naturschutzgebiet De Slufter fasziniert zu jeder Jahreszeit. Und mit etwas Glück lassen sich während eines Spaziergangs zum Strand Löffler beim Fischfangen beobachten (s. S. 79).

Lieblingsorte

5 De Waal [D6]

Das hübsche, kleine Dorf in der Inselmitte lädt zum Spazierengehen und Träumen ein. Ganz entspannt kann man den Stockrosen beim Wachsen zusehen, die *sommeltjes* (kleine Fabelwesen) besuchen und danach beim Strandräuber Maarten Brugge übernachten. In De Waal scheint die Zeit stillzustehen (s. S. 31).

001tx-ug

Der Biergarten

Wer hätte das gedacht? Da sitzt man hoch oben im Norden in einem Biergarten und trinkt die köstlichsten Biere. Ich muss also gar nicht zurück in meine bayerische Heimat, um dunkles Hefeweizen und preisgekröntes Bockbier zu genießen. Gleich geht es zur Brauereiführung, um den Brauern der Texelse Bierbrouwerij über die Schulter zu schauen (s. S. 64).

116tx-ug

Das Strandhäuschen

Endlich hab ich auch eins, zwar nur gemietet, aber immerhin: mein eigenes Strandhäuschen. Die meisten Texelaner besitzen so eine hölzerne Strandhütte, in der sie ihre Bade- und Strandsachen verstauen. Tür auf, Strandliege raus, Sonnenschirm auf und nicht mehr aufstehen. Am liebsten würde ich für immer hierbleiben (s. S. 91).

005tx-ug

Kaap Noord

Unter mir weicher Sand, über mir die strahlende Sonne und vor meinen Augen der weiße Strand, das blaue Meer und die kleine Fähre nach Vlieland. Ein Traum! Und wenn der Magen knurrt, dann gibt es Pfannkuchen und Cappuccino im Strandrestaurant Kaap Noord (s. S. 53). Was will man im Süden, wenn der Norden so schön ist?

008tx-ug

Inhalt

Von Weitem sichtbar: die Kirche von Den Hoorn 28

123tx-ug

Bewertung der Sehenswürdigkeiten

★★★ nicht verpassen
★★ besonders sehenswert
★ wichtig für speziell interessierte Besucher

Planquadrat im Kartenmaterial

[A1] Orte ohne diese Angabe liegen außerhalb unserer Karten. Ihre Lage kann aber wie die aller Ortsmarken mithilfe der begleitenden Web-App angezeigt werden (s. Anhang).

Updates zum Buch

www.reise-know-how.de/inseltrip/texel24

MEIN TIPP

Vor der Reise erledigen

- Für eine entspannte Anreise mit dem Auto sollte man im Voraus das **Fährticket** bestellen (s. S. 115).
- Auch die **Texelvignet** (s. S. 116), mit der man auf der Insel günstig parkt, besorgt man am besten vor der Reise.
- Wer mit dem Bus zum Hotel fahren möchte, sollte mindestens eine Stunde vor Ankunft auf der Insel den **Texelhopper** reservieren (s. S. 134).

⊡ Sie dürfen bei einem Urlaub am Meer natürlich nicht fehlen: eine Möwe vor der Kulisse des Leuchtturms ⓬ (010tx Abb.: © Kartouchken, stock.adobe.com)

Benutzungshinweise

Orientierungssystem

Die in den folgenden Kapiteln beschriebenen Attraktionen sind mit einer **fortlaufenden magentafarbenen Nummer** gekennzeichnet, die sich als Ortsmarke im Faltplan wiederfindet. Steht die Nummer im Fließtext, verweist sie auf die Beschreibung dieser Attraktion.

Die Angabe in **eckigen Klammern** verweist auf das Planquadrat im Faltplan oder auf den Ortsplan. Beispiel:
1 **Den Burg** ★★★ [C7]

Alle weiteren Points of Interest wie Unterkünfte, Restaurants oder Cafés sind mit einer Nummer in **spitzen Klammern** versehen. Anhand dieser eindeutigen Nummer können die Orte in unserer speziell aufbereiteten Web-App unter www.reise-know-how.de/inseltrip/texel24 lokalisiert werden (s. S. 144).
Beispiel:
› **Prins Hendrik** €€ <085>

Beginnen die Points of Interest mit einem **farbigen Quadrat,** so sind sie zusätzlich in den Detailplänen eingezeichnet:
■ **Gastropub Mans** €€ <012>

Der Schmetterling …
… zeigt an, wo man besonders gut Natur erleben kann oder Angebote im Bereich des nachhaltigen Tourismus findet.

Kinder-Tipps
Das Symbol kennzeichnet Sehenswertes, Unterkünfte und Aktivitäten, an denen auch kleine Urlauber ihre Freude haben.

Preiskategorien

Restaurants
Die folgenden Preiskategorien beziehen sich auf ein Hauptgericht ohne Getränke.

€	bis 10 €
€€	10–20 €
€€€	20–30 €
€€€€	ab 30 €

Unterkünfte
Um dem Leser eine Vorstellung zu vermitteln, wie teuer die in diesem Buch vorgestellten Unterkünfte sind, wurden sie in Preisklassen unterteilt. Die folgenden Kategorien beziehen sich auf ein Doppelzimmer pro Nacht in der Hauptsaison.

€	bis 120 €
€€	120–200 €
€€€	ab 200 €

Vorwahlen

- **Niederlande:** +31
- **Texel:** 0222
- **Deutschland** +49
- **Österreich:** +43
- **Schweiz:** +41

Wer auf Texel über das Festnetz telefoniert, muss die Ortsvorwahl nicht wählen, anders natürlich mit dem Handy.

011tx-ug

Texel im Überblick

Gerade einmal zwanzig Minuten Fahrt mit der Fähre trennt Texel von Den Helder, und dennoch scheinen Welten zwischen der Insel und dem Festland zu liegen: Texel wird als „Land für sich“ bezeichnet und als **„ganz Holland in Klein“**. Hier gibt es eigentlich alles, was es an der „overkant“ (also auf dem gegenüberliegenden Festland, das sich übrigens in den Augen der Inselbewohner von Den Helder bis zum Südpol zieht) auch gibt – nur komprimierter und besser. Die **Sonne** scheint auf Texel 30 Prozent häufiger als im Rest der Niederlande, die **Dünenlandschaft** ist viel beeindruckender als auf dem Festland und wurde sogar zum Nationalpark ernannt. Der **Strand** der Insel ist mit 30 Kilometern scheinbar endlos lang, und sogar die berühmten holländischen **Tulpenfelder** kann man hier entdecken. Von den anderen Holland-Klassikern wie Windmühlen mal ganz abgesehen, denn die gibt es natürlich auch. Auch in **kulinarischer Hinsicht** fehlt es den Texelanern an nichts: Das beste Lammfleisch kommt von der Insel und ein hervorragendes Bier aus der eigenen Brauerei, das mit Dünenwasser und Insel-Getreide gebraut wird. Auf Texel wird Likör gebrannt, Käse gemacht, Eis und Schokolade hergestellt, Spargel gestochen, Obst geerntet, es werden Kartoffeln angebaut und Pilze gezüchtet – alles von eigenem Grund und Boden. Und das Meer schenkt Fische, Muscheln und sogar Austern. Auf diese kulinarische Vielfalt ist man stolz.

◁ *Vorseite: Die Mühle De Traanroeier im Museum Kaap Skil* (22)

Die Inselorte

Mit den vielen Gästen teilt man gern, ist man sich auf der Insel doch der Bedeutung des **Tourismus** bewusst. Rund vier Millionen Übernachtungen jährlich verzeichnet die Insel, wobei die meisten Gäste „Wiederholungstäter“ sind. 80 % der Inselbewohner leben vom Tourismus. Hochburg der Touristen ist der an der Nordsee gelegene Badeort **De Koog** (8), an dessen langgestrecktem Strand hübsche weiße Badehäuschen stehen. Touristen finden hier alles, was das Herz begehrt: gute Restaurants, Einkaufsmöglichkeiten, viele Hotels und eine Surfschule. Zwar erinnert die zur Fußgängerzone umgewandelte Dorpsstraat (Dorfstraße) mit den Souvenirgeschäften und den ihre Menüs anpreisenden Lokalen ein bisschen an italienische Touristenzentren, doch auch das kann durchaus seinen Reiz haben. Familien mit Kindern wird hier viel geboten.

Etwas beschaulicher geht es – abgesehen von der **Inselhauptstadt Den Burg** (1) – in den anderen Insel-Dörfern zu. Sehr idyllisch und ruhig ist das nur 400 Einwohner zählende Dorf **De Waal** (5), das mit einer Kirche, liebevoll herausgeputzten kleinen Häusern und einem kulturhistorischen Museum aufwartet. Hier gibt es nur zwei kleinere Hotels. Im Nordosten der Insel liegt **Oosterend** (15), das viele für den schönsten Ort der Insel halten. Die schmalen Gassen sind von kleinen Giebelhäusern gesäumt und vor der hübschen Maartenskerk (16) schmeckt der Kaffee mit Kuchen besonders gut.

Auch der im Süden der Insel gelegene Ort **Den Hoorn** (27) ist eher ein ruhiger Flecken. Schon von Weitem ist die weiße Kirche mit dem spitz zu-

012tx-wp

laufenden Turm zu sehen – vor allem im Frühling ein beliebtes Fotomotiv, wenn rund um Den Hoorn die Tulpen und Narzissen auf den Blumenfeldern blühen. Pluspunkt des Ortes ist sicherlich auch seine Nähe zu den einmaligen Naturschutzgebieten De Geul 31 und De Hors 30.

Das am Wattenmeer gelegene Dorf **Oudeschild** 19 war früher der Fährhafen der Insel. Heute stechen hier vom Hafen aus die Fischer und Ausflugsboote zu den Seehundbänken und zum Krabbenfangen in See. Kein Wunder, dass man hier auch sehr gut Fisch essen kann. Weiteres Highlight: das Museum Kaap Skil 22 mit den urigen Fischerhäusern und der Windmühle auf dem Außengelände.

Im Norden liegt der jüngste Ort der Insel: **De Cocksdorp** 10, ein hübsches Dorf mit der Kikkertstraat als Zentrum und drumherum eine Reihe von Campingplätzen und Bungalowparks, eingebettet in eine Dünenlandschaft. Highlights sind der knallrote Leuchtturm am breiten Sandstrand und der romantisch anmutende, hölzerne Bootsanleger der Fähre nach Vlieland.

Last but not least wäre da noch die Insel-Hauptstadt **Den Burg** 1, die im Jahr 2015 ihr 600-jähriges Bestehen als Stadt feierte. Dafür ist Den Burg mit seinen rund 7000 Einwohnern aber eher klein und gemütlich. Der auf einen mittelalterlichen Grundriss zurückgehende Stadtkern ist kreisförmig angelegt. Im Zentrum liegt der kleine Stenenplaats mit Straßencafés und Restaurants, drumherum laden Gassen zum Shoppen und Bummeln ein. In Den Burg finden Besucher die Touristeninformation, in den Niederlanden VVV genannt, eine Apotheke, Ärzte und ein Kino.

Satellitenaufnahme von Texel mit der Sandplatte De Razende Bol vor der Südspitze der Insel

Texel und die Natur

Die meisten Texel-Besucher kommen wegen der Strände und der beeindruckenden Natur, deren Einzigartigkeit und Schönheit sich oftmals erst bei näherem Hinsehen eröffnet. Das Dünental **De Slufter** 34 beispielsweise ist das einzige Gebiet der Niederlande, in welches das Meer ungehindert eindringen darf. Und so kommt es, dass nach einer Sturmflut die ganze Talsenke unter Wasser steht. Besucht man das Naturschutzgebiet dagegen an einem Sommertag, dann sind die Salzwiesen in kräftiges Violett und Rosa getaucht – Strandflieder und Strandaster blühen.

Im Frühling ist das angrenzende Naturschutzgebiet **De Muy** 33 eine Augenweide, denn dort blühen unzählige wilde Orchideen und viele verschiedene Vögel wie Reiher, Nachtigall und Kormoran lassen sich nieder. Und so hat jeder Flecken der Insel seinen ganz eigenen Zauber. Kein Wunder, dass ein Viertel der Insel zum **Nationalpark** erklärt wurde.

Doch auch außerhalb der Naturschutzgebiete ist die Texeler Landschaft durchaus sehenswert. Auf den Weiden grasen 13.500 **Schafe**, im Frühling kommen nochmals Tausende von Lämmern hinzu. Als Schutz vor dem teils stürmischen Wind stehen ihnen Scheunen zur Verfügung. Sie ähneln kleinen Bauernhäusern, die so aussehen, als wären sie in der Mitte durchgeschnitten. Die „abgeschnittene“ Seite ist die vom Wind abgewandte. Diese „Schafscheune“ dient den Tieren als Rückzugsort und Windschutz.

Neben der abwechslungsreichen Natur mit Dünen, Wasserläufen, Salzwiesen, Wäldern, Orchideen-Wiesen und Stränden beeindruckt Texel auch durch seine immense **Vogelvielfalt.** Auf der Insel kommen 300 Vogelarten vor, 130 davon brüten auf Texel. Im Naturschutzgebiet **De Geul** 31 im Süden der Insel gibt es die größte Löfflerkolonie der Niederlande. Die schönen weißen Vögel mit dem löffelförmigen Schnabel sind die Lieblinge der vielen Vogelbeobachter, die im Frühling, mit immens großen Ferngläsern und Kameraobjektiven ausgestattet, auf der Insel auf die Pirsch gehen.

Ein großer Brachvogel auf Futtersuche

013tx-ug

Kultur auf Texel

Auch in kultureller Hinsicht gibt es auf Texel viel zu erleben. Insgesamt sieben Museen sorgen für reichlich Abwechslung. Highlight – auch für Kinder – ist sicherlich ein Besuch bei **Ecomare** 9, wo man bei der Fütterung von Robben zusehen kann. Das Museum informiert über die Vielfalt des Wattenmeeres und ist zugleich Auffangzentrum für verletzte Tiere. Und natürlich muss man während eines Texel-Aufenthalts auch mal einen echten Strandräuber besuchen. Im **Maritiem- en Juttersmuseum Flora** 4 ist dies möglich.

Zudem finden über das Jahr verteilt überall auf der Insel **Kulturfestivals** statt. Wer sich lieber dem Essen widmet, sollte während Texel Culinair (s. S. 105) im September vorbeischauen.

Texel mit Kindern

Die meisten Kinder finden am Strand genug zu tun: Burgen und Deiche bauen, Buddeln, Muscheln suchen ... es gibt so viel zu entdecken! Und wenn mal kein Strandwetter sein sollte, dann geht es zum Tierebeobachten in den **Texel Zoo** 18 oder zum Lämmerkuscheln auf dem **Schafbauernhof Texel** (s. S. 124). Weitere Infos finden sich auf Seite 123.

Beachlife auf Texel

Rund 30 Kilometer Strand gibt es auf Texel. Der weite, feinkörnige **Sandstrand** zieht sich vom Süden der Insel über die zur Nordsee hingewandte Westseite bis in den Norden um die Nordspitze bei De Cocksdorp 10 herum. Auf der östlichen Wattseite der Insel gibt es keinen Strand, Ausnahme ist der kleine **Wattenstrand** am Jachthafen 21 von Oudeschild. Erfreulicherweise darf man auf Texel immer und überall an den Strand, Kosten fallen dafür nicht an.

Die Strände auf Texel haben keine wohlklingenden Namen, sondern werden ganz nüchtern nach den „Strandpfosten" bzw. den **Strandzugängen** benannt, z. B. Paal 17. Diese Einteilung stammt vom Ministerium für Wasserwirtschaft. Aber egal, wie das Ganze nun heißt, Hauptsache, man gelangt an den Strand. Dazu muss man in der Regel erst die Dünen durchqueren, denn auf Texel – so wie

015tx-ug

Von den Osterinseln inspiriert: das Moai-Standbild 14 *bei De Cocksdorp*

Inselsteckbrief

- **Lage:** Texel ist die größte und westlichste der niederländischen Nordseeinseln. Im Gegensatz zu den anderen, die Teil von Friesland sind, gehört sie zur niederländischen Provinz Nordholland. Östlich von Texel folgen die Inseln Vlieland, Terschelling, Ameland und Schiermonnikoog. Die Verbindung zum fünf Kilometer entfernten Festland erfolgt über Fähren.
- **Entstehung:** Der älteste Bereich der Insel ist die Gegend rund um den Hoge Berg, der in der Eiszeit entstand. Ein Gletscher formte nicht nur die Hügelgegend, sondern war auch für den gesamten Verlauf der niederländischen Küste mitbestimmend. Ohne den Hoge Berg würden die Niederlande heute anders aussehen, denn er schützte die Küste vor den Wassermassen der Nordsee. Durch eine Sturmflut im Jahr 1170 wurde Texel schließlich vom Festland getrennt.
- **Höchste Erhebung:** der Hoge Berg bei Oudeschild mit 15,3 Metern
- **Fläche:** Landfläche rund 17.000 Hektar. Die Länge der Insel beträgt fast 24 Kilometer, die Breite rund 10 Kilometer.
- **Einwohner:** fast 14.000 (2024)
- **Bevölkerungsdichte:** 29 Einwohner/km^2
- **Hauptort:** Den Burg 1
- **Verwaltung:** Provinz Nordholland
- **Wirtschaft:** Landwirtschaft, Tourismus
- **Tourismus:** Rund 1 Mio. Besucher zählt Texel pro Jahr, rund ein Drittel stammt aus Deutschland (fast drei Viertel davon kommen aus Nordrhein-Westfalen).

an der gesamten niederländischen Küste – wird das Land durch **Dünen** und **Deiche** vor der manchmal recht stürmischen Nordsee geschützt. Der Dünenstreifen ist an manchen Stellen ziemlich breit. Ausnahme ist der Badeort De Koog 8, wo nur ein paar Meter Sanddüne den Ort vom Strand trennen.

Sehr hübsch sind die **Strandhütten**, die man fast am ganzen Nordseestrand zu sehen bekommt. In Reih und Glied stehen sie aneinander, manche ganz in Weiß, einige in maritimem Blau-Weiß und wieder andere in den schönsten Pastelltönen. Man sieht sie nur von Frühling bis in den Herbst hinein, zu Beginn der kalten Jahreszeit werden sie nämlich in ihr Winterquartier gebracht. Dort bleiben sie vor den Stürmen verschont. Viele Texelaner haben ihr eigenes Strandhäuschen – komplett mit Wasseranschluss, Kochgelegenheit, Strandliegen und allem, was das Strandleben noch schöner macht. Übernachten darf man in den Holzhütten allerdings nicht und es wäre vermutlich auch zu eng. Auch als Tourist hat man die Möglichkeit, sich eine solche Strandhütte für ein paar Tage oder Wochen zu mieten (s. S. 91).

Wie die Insel erkunden?

Texel lässt sich gut mit dem **Auto** erfahren. Die Hauptverkehrsstraße Pontweg (N501) führt vom Fähranleger nach Den Burg 1 und weiter nach De Koog 8. Wer nach De Cocksdorp 10 möchte, der nimmt von Den Burg aus den Postweg nach Norden. Alle Dörfer der Insel sind sehr gut ausgeschildert, der Verkehr wird über Kreisverkehre geleitet. Auf der Insel gibt es nur eine einzige Ampel – und die steht an der Fähre.

016tx-ug

Stau kennt die Insel nicht, es sei denn nach einem sonnigen Wochenende möchten alle Texel-Besucher gleichzeitig zurück aufs Festland. Dann kann es schon einmal passieren, dass sich vor dem Fähranleger eine lange Schlange bildet und die Wartezeit an der Fähre mehr als zwei Stunden beträgt. Aber das gehört bei einer Insel einfach mit dazu.

Was das **Parken** betrifft: Urlauber sollten sich vorab online die **Texelvignet** besorgen, einen digitalen Parkausweis (Details s. S. 116). Parken ist inzwischen in allen Orten und an allen Strandaufgängen kostenpflichtig (max. 10 € am Tag).

Am allerbesten lässt sich die Insel mit dem **Fahrrad** erkunden. Und davon macht auch fast jeder Texel-Besucher Gebrauch. Ob mitgebrachtes Rad oder vor Ort ausgeliehen – Hauptsache, man tritt in die Pedale. Auf der Insel gibt es auch E-Bikes, Kinderfahrräder, Fahrräder mit Kindersitz, Lastenfahrräder und sogar Fahrräder für Rollstuhlfahrer und Menschen mit Gehbehinderung (s. S. 117) zu mieten. Einen Fahrradverleih findet man in jedem Dorf und auch viele Hotels vermieten Räder. Es gibt wirklich nichts Schöneres, als durch die Dünen zu radeln und den Duft der Heckenrosen einzuatmen oder im Sommer den kühlen Wald De Dennen 32 zu durchfahren. Mit dem Rad kommt man zu den schönsten Stränden und in die beeindruckendsten Naturschutzgebiete. Es gibt sogar Naturschutzgebiete wie Utopia 37 am Wattenmeerdeich, die nur zu Fuß oder mit dem Fahrrad erreichbar sind. Das **Radwegenetz** auf Texel ist hervorragend ausgeschildert und umfasst 170 Kilometer. Die Wege sind in der Regel sicher und meist auch von der Straße abgetrennt, sodass auch Kinder mitradeln können.

Im Norden von Texel geht es per Boot hinüber zur Nachbarinsel Vlieland (s. S. 51)

Inselorte

1 Den Burg ★★★ [C7]

Den Burg ist sozusagen die „Hauptstadt“ und das lebendige Zentrum der Insel. In dem 7000 Einwohner zählenden Ort gibt es viele Restaurants, Straßencafés, Geschäfte und auch eine Reihe von Sehenswürdigkeiten.

Schon im 7. Jahrhundert stand bei Den Burg eine Festung der Friesen und seit dem 9. Jahrhundert wurde der Ort als dauerhafte Siedlung bewohnt. Diesen frühmittelalterlichen Grundriss kann man heute noch an der kreisrunden Anordnung der Straßen im Zentrum erkennen. Allerdings war Den Burg in dieser Zeit nicht der Hauptort der Insel, sondern De Westen. Der Ort lag an einem Priel und hatte dadurch eine gewisse wirtschaftliche Bedeutung. Als der Priel versandte, war es auch mit De Westen vorbei. Den Burg blühte auf und im Jahr 1415 wurden dem Ort die **Stadtrechte** verliehen. Seit der Stadtgründung ging es auch mit Texel bergauf und Den Burg wuchs zu ihrem wirtschaftlichen und sozialen Zentrum heran.

Das hat sich bis heute nicht geändert. In Den Burg findet man die **Touristeninformation** (s. S. 23), **Ärzte** und die einzige **Apotheke** (s. S. 123) der Insel sowie viele gute Restaurants, zahlreiche Geschäfte und Supermärkte. Mit 64 Einzeldenkmälern und drei Kirchen hat die Stadt aber auch in kultureller und historischer Hinsicht so einiges zu bieten.

2 Evangelisch-reformierte Kirche (De Burght) ★★ [C7]

Die ehemals katholische und heute evangelisch-reformierte Kirche, auch Burghtkerk genannt, wurde um das Jahr 1400 errichtet. Wer durch Den Burg läuft, dem fällt es direkt auf: Oben auf dem Kirchturm sieht man das eine oder andere Gesicht über die Brüstung schauen, denn eine Turmbesteigung gehört zu einem Besuch dazu.

017tx-ug

Als Fundament für die Kirche dienten Findlingsblöcke, auf denen bereits eine romanische Kirche stand. Die schweren **Findlinge**, die während der Eiszeit nach Texel geschwemmt wurden, mussten auch als Fundament für den Turm und die Säulen herhalten. An der Nordseite der Kirche kann man diese Steine noch erkennen.

Die im Stil der Spätgotik errichtete Burghtkerk besteht aus drei Schiffen, die von einem Tonnengewölbe überdacht werden. Der Kirchenboden dagegen diente als **Grabstätte.** Nur die reichen Insulaner wie der Wirt vom Eyerlandsche Huys konnten sich ein Grab in der Kirche leisten, denn der Kauf, die jährliche Miete und die schön verzierte Grabplatte schlugen ordentlich zu Buche. Und weil sich durch die vielen Gräber der Kirchenboden senkte, mussten die Familien der hier Begrabenen auch für die Instandhaltung des Fußbodens aufkommen. Das letzte Begräbnis in der Kirche fand im Jahr 1828 statt, danach wurden Begräbnisse in einer Kirche von den Behörden verboten.

Neben den Einzelgräbern gab es auch Grabkammern, in denen ganze Familien beigesetzt wurden. Während der Restaurierung der Kirche in den 1950er-Jahren wurden diese Grabkeller jedoch zugeschüttet – mitsamt der Grabbeigaben, unter ihnen auch Gemälde. Die **Grabplatten** zeigen teilweise Namen, teilweise nur Zeichen.

018tx-ug

Auf steilen Treppen in himmlische Höhen: Turmaufgang in der Kirche De Burght

Shoppen und Ausgehen in der Fußgängerzone der Inselhauptstadt Den Burg

Bemerkenswert ist auch das **Taufbecken** aus Bentheimer Sandstein, das vermutlich aus dem 10. oder 11. Jahrhundert stammt. Auf dem Taufbecken sind die vier Ströme des Paradieses abgebildet: Euphrat, Tigris, Pischon und Gihon. Die **Orgel** ist ein Werk des Erfurter Orgelbauers Michael Garstenhauer, der sie vermutlich zwischen 1814 und 1818 in Monnickendamm auf dem Festland baute. Im Juni 1818 kam die Orgel nach Texel, wo sie feierlich in Empfang genommen wurde. Während des Aufstands der Georgier (s. S. 48) am Ende des Zweiten Weltkriegs wurde die Kirche schwer beschädigt, direkt nach dem Krieg jedoch wieder restauriert.

Eine **Turmbesteigung** gehört zu einer Besichtigung einfach dazu. Doch ist Vorsicht geboten! Die auch für holländische Verhältnisse sehr schmalen Stufen sind nicht jedermanns Sache und am sichersten ist es, beim Hinabsteigen der 117 Stufen rückwärts zu gehen.

Den Burg
Sehenswürdigkeiten
2 Evangelisch-reformierte Kirche
3 Heimatmuseum (Oudheidkamer)
Einkaufen/Sonstiges
1 Texelse Chocolaterie
2 Solex Verhuur Texel
4 Slijterij Smidt-Witte
5 Albert Heijn
6 Medisch Centrum De Zandkoog
7 Polizei (Politie)
8 Aldi
9 Hema
10 Drogerie Etos
11 Slijterij De Wit
15 Jumbo Supermarkt
16 Shoeby
17 De Kolonist
18 Mantje Lifestyle
19 EkoPlaza
23 Doenes
25 Buchhandlung Nauta Boek
27 De Texelse Apotheek
28 Bäckerei Timmer
29 Postfiliale Blokker
32 Bike Totaal Van der Linde Fietsen
33 Markt
35 Huisartsenpraktijk De Kaap
37 Touristeninformation VVV Texel
De Cocksdorp
Georgieweg
De Koog
Manege
Akenbuurtsweg
Kogerstraat
Bernhardlaan
Vloedlijn
Noordwester
Schoonoordsingel
Boogerd
Ponteweg
Beatrixlaan
Jonkerstraat
De Zes
Schoorwal
Vogelenzang
Gasthuisstraat
Lijnbaan
Molenstraat
Hollewal
Keesomlaan
Ada van Hollandstraat
Emmalaan
't Horntje
Den Hoorn

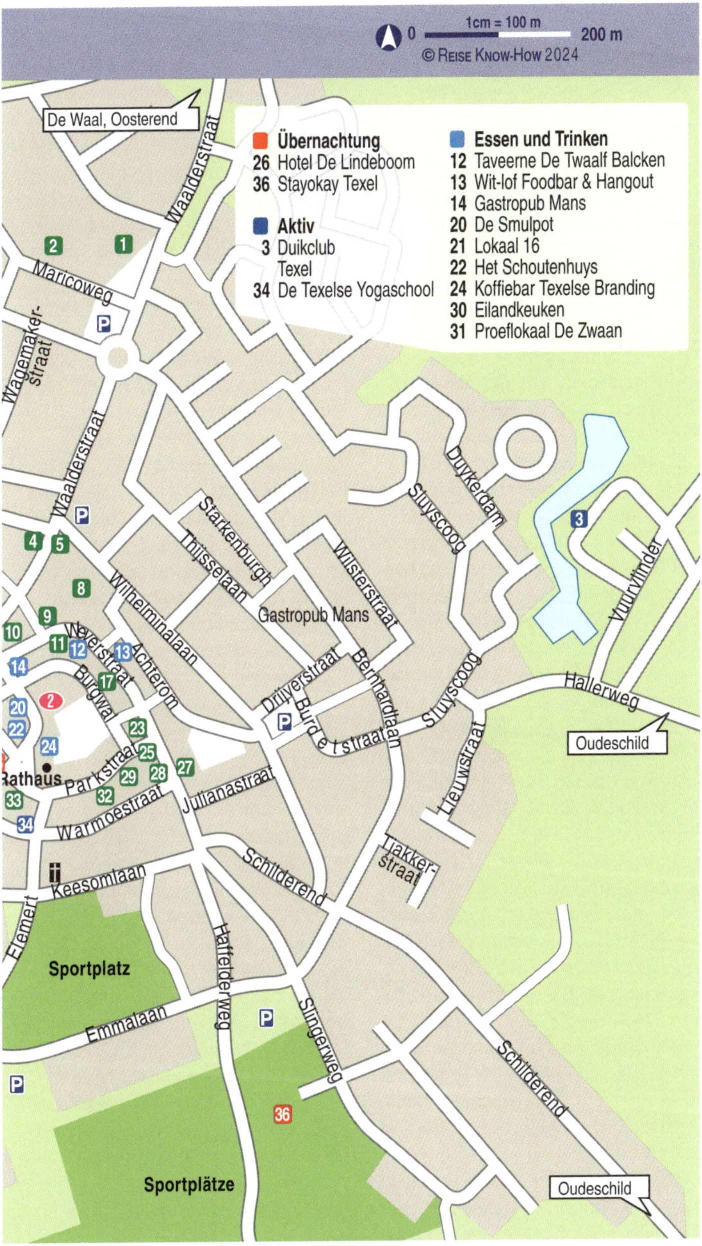
1cm = 100 m
0
200 m
© Reise Know-How 2024
Übernachtung
26 Hotel De Lindeboom
36 Stayokay Texel
Aktiv
3 Duikclub Texel
34 De Texelse Yogaschool
Essen und Trinken
12 Taveerne De Twaalf Balcken
13 Wit-lof Foodbar & Hangout
14 Gastropub Mans
20 De Smulpot
21 Lokaal 16
22 Het Schoutenhuys
24 Koffiebar Texelse Branding
30 Eilandkeuken
31 Proeflokaal De Zwaan
De Waal, Oosterend
Waalderstraat
Maricoweg
Wagemakerstraat
Starkenburgh
Thijsselaan
Wilhelminalaan
Wilsterstraat
Gastropub Mans
Duykerdam
Sluyscoog
Vuurvlinder
Hallerweg
Oudeschild
Weverstraat
Achterom
Burgwal
Drijverstraat
Bernhardlaan
Burg e t straat
Lieuwstraat
Rathaus
Parkstraat
Warmoestraat
Julianastraat
Keesomlaan
Schilderend
Tjakkerstraat
Elemert
Haffelderweg
Sportplatz
Emmalaan
Slingerweg
Sportplätze
Oudeschild

Doch erst einmal zum Aufstieg: Die erste Treppe führt auf die Höhe der Kirchenorgel. Man kommt am alten und leicht lädierten **Turmkreuz** vorbei, das aus dem Jahr 1604 stammt und im Zuge von Renovierungsarbeiten am Turm ins Kircheninnere gehängt wurde. Hat man diese Treppe geschafft, eröffnet sich einem ein schöner Blick von der Orgelempore über das Kircheninnere.

Eine weitere Treppe führt hinauf zu einem alten, handgeschmiedeten **Uhrwerk**, das noch bis zum Jahr 1932 in Betrieb war. Das genaue Alter ist nicht bekannt, nur eine größere Reparatur im Jahre 1609 ist überliefert. Experten zufolge soll es sich jedoch um eine der ältesten Turmuhren der Niederlande handeln.

Weiter führt der Weg hinauf zu einer **Glocke**, um die sich eine ganz besondere Geschichte rankt: Sie wurde im 17. Jh. in Enkhuizen gegossen und im Zweiten Weltkrieg von den deutschen Besatzern vom Turm geholt, um das Metall zur Herstellung von Kriegswaffen zu verwenden. Die Glocke wurde zusammen mit fast 400 weiteren auf ein Schiff geladen, das die wertvolle Bronze nach Deutschland bringen sollte. Doch so leicht gaben sich die Niederländer nicht geschlagen. „Aus heiterem Himmel" sank das Glockenschiff im IJsselmeer. Nach dem Krieg barg der Schiffer „seine" Glocken aus dem Wasser, verkaufte sie für umgerechnet 35 € pro Stück wieder an ihre ursprünglichen Eigentümer und renovierte mit dem Erlös sein Schiff. So kommt es, dass die alte Kirchenglocke heute wieder in der Kirche in Den Burg zu sehen ist.

Oben auf dem Turm angelangt geht es hinaus auf die – zugegeben sehr beengte – Turmbalustrade, von der aus man einen Blick über die Dächer von Den Burg hat. Über den Besuchern erhebt sich die **Turmspitze**, die wir dem Alkohol verdanken. Denn als im Jahr 1527 die erste Turmspitze von einem Unwetter hinweggefegt wurde, wurde der Bau der neuen Spitze durch Erhebung einer Einfuhrsteuer auf Spirituosen ermöglicht. Doch man musste erst einmal rund 80 Jahre tief ins Glas blicken, bis die neue Turmspitze im Jahr 1604 fertiggestellt werden konnte.

› Binnenburg 2, Den Burg, geöffnet: Mitte April–Ende Okt. Mo., Mi., Sa. 10–16 Uhr (bei gutem Wetter)

3 Heimatmuseum (Oudheidkamer) ★★ [C7]

In einem der ältesten Häuser der Insel befindet sich das Heimatmuseum. Hier wird ein Sammelsurium von allerlei Kunst- und Gebrauchsgegenständen gezeigt, die meisten davon stammen aus dem 19. Jahrhundert.

Das Gebäude aus dem Jahr 1599 stand ursprünglich (also vor der Ausbreitung des Ortes Den Burg) vor den Toren der Stadt und diente als **„Gasthaus"**. Es bot Armen und Durchreisenden eine kurzzeitige Unterkunft. Drei Tage lang durften sich Seeleute, Hausierer oder Familien, die beispielsweise durch einen Brand ihr Haus verloren hatten, hier niederlassen, ohne Miete zu bezahlen. Über das Geschehen wachte das Hausmeisterehepaar, das im Hinterhaus wohnte. Heute dient das ehemalige Gasthaus als Ausstellungsgebäude für die vielen Schenkungen und Leihgaben von Texeler Familien. Die bunt zusammengetragene **Sammlung** zeigt Gemälde, Uhren, Puppen und Möbel, einen Alkoven, einen Schrank voll alter Bettwäsche, japanische Teedosen und chinesisches Geschirr, Texeler Trachten, eine Spieldose und vieles mehr. In der Wohnstube steht ein **Kamin,** der dort erst später aufgebaut wurde und etwas überdimensioniert wirkt. Auf den Fliesen sind Kanarienvögel abgebildet, eine Anspielung auf die Vögel, die man früher in den Zimmern hielt, um einer Kohlenmonoxidvergiftung zu entgehen. Denn wenn Gas austrat, fiel erst der Kanarienvogel tot von der Stange, bevor der Mensch Schaden erlitt. Ein perfektes Frühwarnsystem.

Die **Küche** des Gasthauses stammt aus dem frühen 17. Jahrhundert und ist noch recht gut erhalten. Man sieht ein steinernes Waschbecken, blau-weiße Steingutkrüge, Petroleumlampen und einen Stein-Wasserfilter, mit dem das Wasser mittels Holzkohle gefiltert wurde. Über der Spüle stehen auf einem Brett Zinnteller und -kannen, in der Vitrine befindet sich Meissner und chinesisches Porzellan.

Ebenfalls zu sehen sind die **Briefe der Aagje Luijtsen,** die sie ihrem Mann schrieb, der zur See fuhr. Sie geben einen Einblick in das Leben der Seemannsfrauen, die an Land zurückbleiben mussten, während ihre Männer Monate, manchmal Jahre weg waren.

Zum Heimatmuseum gehört auch der kleinste öffentlich zugängliche **Kräutergarten** der Niederlande. Es gibt hier zwar keine exotischen Kräuter zu sehen, doch liebenswert ist dieser kleine Hinterhof allemal und den Freiwilligen, die hier traditionelle Kräuter anbauen, gebührt Respekt.

› Kogerstraat 1 (am Stenenplaats), Den Burg, www.oudheidkamertexel.nl, geöffnet: April–Okt. Mo.–Mi., Fr. 11–17, Sa. 14–16 Uhr, Eintritt: Erw. 4,50 €, Kinder 4–13 Jahre 2,50 €

Die Briefe der Aagje

Über die Geschichte der VOC (Verenigde Oostindische Compagnie bzw. Niederländische Ostindien-Kompanie, 1602–1795) berichteten hauptsächlich Männer. Sie fuhren auf den Schiffen und trieben Handel. Doch es gab auch die Frauen und Kinder, die zu Hause warteten. Ein gutes Beispiel für das Leben und Leiden einer Seemannsfrau liefern die Briefe der Aagje Luijtsen, die sie zwischen 1776 und 1780 an ihren Mann Harmanus Kikkert schrieb, der als Steuermann auf einem Schiff unterwegs war. Aagje und Harmanus heirateten im Jahr 1776. Aagje war damals 21 Jahre alt und im fünften Monat schwanger. Ihr Sohn Lammert kam zur Welt, als ihr Mann schon weit draußen auf den Weltmeeren war. In ihren Briefen berichtet sie vom täglichen Leben und von ihren Kindern (Aagje und Harmanus hatten insgesamt sechs Kinder, zwei davon verstarben früh) und natürlich ist es immer wieder die Sehnsucht, die zwischen den Zeilen mitklingt. Die 19 Briefe, die Aagje an ihren Mann schrieb, wurden in einem Archiv in England gefunden. Sie gelangten dorthin, weil das Schiff, auf dem Harmanus Steuermann war, im Jahr 1781 während des Vierten Englischen Krieges am Kap der Guten Hoffnung von den Engländern gekapert wurde. Harmanus kam gerade aus China und war auf der Heimreise. Er überlebte den Überfall, verlor allerdings sein Hab und Gut, das in zwei Kisten an Bord verstaut war. Sicherlich waren darin auch die Geschenke für seine Lieben zu Hause: Aagje wünschte sich Seide, Süßigkeiten und Orangen. Sein Sohn Lammert einen „Affen mit Röckchen".

019tx-ug

4 Maritiem- en Juttersmuseum Flora ★★★ [B6]

Zwischen Den Burg und De Koog befindet sich das Maritiem- en Juttersmuseum Flora. Laut der auf Texel lebenden „Jutter“ ist es das „erste, echte und größte Strandräubermuseum der Welt“.

Herzstück der Ausstellung ist eine **bunte Sammlung an Gegenständen,** die in den letzten über 75 Jahren an den Strand von Texel gespült wurden. Eingesammelt wurden sie hauptsächlich von Jan Uitgeest, der sozusagen der Ober-Strandräuber von Texel war. Über die Jahre hat sich so einiges bei ihm angesammelt und füllt nun gut und gerne vier Scheunen: Bojen, Tierknochen, Kokosnüsse, Schuhe, Brillen, Fernseher, Kosmetikartikel, Flaschen mit Post darin, Spielzeug, Schutzhelme, Puppen, Gartenzwerge, russische Wodkaflaschen und sogar ein Schlitten. Wer durch das Museum geht, fragt sich, wie man all diesen Krempel nur einsammeln konnte. Das muss gedauert haben! Und tatsächlich scheint *jutten,* also die „Strandräuberei“, so eine Art Lebensphilosophie zu sein. Ein echter **Jutter** ist nicht zu halten, wenn ein Sturm aufkommt. Dann muss er an den Strand, muss sammeln, muss Geschichten suchen, denn hinter (fast) jedem Strandgut steckt auch eine Geschichte. Und so kann ein Strandräuber stundenlang erzählen – von versunkenen Schiffen, vergeblichen Rettungsaktionen, ertrunkenen Seemännern, über Bord gefallenen Containern und die darauffolgende Schuhschwemme auf

Jan Uitgeest gehörte noch zur alten Garde der Texeler Strandräuber

Terschelling. Es werden die absurdesten Dinge wie ein angespültes Gebiss und eine „Seemansbraut“ aus Plastik gezeigt. Die ausgestellte **Flaschenpost-Sammlung** umfasst rund 300 Exemplare.

Ferner gibt es einen **Außenbereich**, in dem ein ausgedientes Boot, eine „Rettungskapsel“, Anker, das Steuerhaus einer Fähre, in der eine multimediale Ausstellung über die Fährgesellschaft Teso untergebracht ist, eine Menge Bojen und ein Mini-Leuchtturm zu besichtigen sind. Ein Abenteuerspielplatz mit Seilbahn und Kletterturm komplettiert das Ensemble. Außerdem kann man hier in der Sonne einen Kaffee trinken. Wer Niederländisch versteht, den interessieren sicher die Filme über Schiffbrüche und Strandräubereien im Video-Raum.

› Californiëweg 1c, Den Burg, www.juttersflora.nl, geöffnet: Febr.-Dez. täglich 10-17 Uhr, Eintritt: Erw. 8 €, Kinder bis 11 Jahre 6 €

Strand

Den Burg befindet sich in der Mitte von Texel, dennoch gehört der Strand von Westerslag zum Ort, obwohl er sechs Kilometer vom Stadtkern entfernt ist. Egal, mit dem Fahrrad oder Auto ist man schnell dort und wird von einem langen Sandstrand mit hübschen blau-weißen Strandhäuschen empfangen. Auch das **Strandrestaurant** Peek an Zee lädt zum Verweilen ein. Am **Strandzugang** befindet sich ein kostenpflichtiger **Parkplatz.** Der Strand ist von Juli bis 1. Sept. zwischen 10 und 17 Uhr bewacht.

› **Peek aan Zee** €€€ <001> Westerslag 4, Den Burg, Tel. 0222 441007, www.peekaanzee.nl, geöffnet: Sommer tägl. ab 10, Winter Do.-So. ab 10 Uhr. Austern, Burger, Hähnchen und Steak, aber auch vegetarische Gerichte werden in einer schönen Atmosphäre mit Strandblick serviert.

Reisetipps

■ **Touristeninformation VVV Texel** <002> Emmalaan 66, Den Burg, Buslinie 28, Parkplatz vor der Tür, Tel. 0222 314741, www.texel.net/de, geöffnet: Mo.-Sa. 10-16 Uhr. VVV – so heißen in den Niederlanden die Touristeninformationszentren. VVV steht dabei für „Vereniging voor Vreemdelingenverkeer“ (Vereinigung für Fremdenverkehr). Die Touristeninformation von Texel befindet sich vom Fährhafen über den Pontweg kommend auf der rechten Seite am Ortseingang von Den Burg. Hier erhalten Touristen Informationen über die Insel und Kartenmaterial, beispielsweise für Radtouren. Außerdem können Übernachtungen und Führungen gebucht werden.

■ **Bike Totaal Van der Linde Fietsen** <003> Parkstraat 14, Den Burg, Tel. 0222 316432, www.biketotaal.nl, geöffnet: Mo.-Sa. 8.30-18, So. 10-17 Uhr. Fahrräder mit oder ohne Gangschaltung, Kinderräder und -sitze, Mountainbikes, Elektroräder, Tandems sowie Kinder- und Hundeanhänger.

Unterkünfte

› **Camping 't Woutershok** €€ <004> Rozendijk 38, Den Burg, www.woutershok.nl. Naturbelassener Campingplatz am Rande des Waldgebiets mit Stellplätzen für Wohnwagen und Zelte sowie eingerichteten Safarizelten für 5-7 Personen. Die Luxusvariante verfügt über eine eigene Dusche und WC.

› **De Smulpot** €€. Boutiquehotel mit sieben, modern eingerichteten Hotelzimmern über dem Restaurant De Smulpot (s. S. 27).

› **Ferienhäuser 't Mienthuis** €€ <005> Rozendijk 31, Den Burg, Tel. 0222 310772, www.mienthuis.nl. Wo früher der König

Die Strandräuber von Texel

Auf Niederländisch heißt es „jutten" und auf Englisch „beachcombing". Die ganze Sache auf Deutsch mit „Strandräuberei" zu umschreiben, hat einen negativen Beiklang. „Strandgut sammeln" klingt vielleicht etwas besser. Tatsache ist jedoch, dass „jutten" verboten ist. Auf einigen Watteninseln nimmt man es mit der Gesetzestreue etwas genauer, auf anderen – wie beispielsweise Terschelling – weniger. Auf Texel dagegen achten die Gesetzeshüter genau darauf, wer was am Strand eingesammelt und versteckt hat. Denn ein während eines Sturms über Bord gegangener Container gehört natürlich nach wie vor einem bestimmten Unternehmen, ist versichert und die daraus entwendeten Gegenstände können zurückgefordert werden. Früher, als es noch keine Versicherungen gab, war das anders. Die Bewohner der Watteninseln waren im Allgemeinen recht arm und von angespültem Strandgut abhängig, um sich und ihre Familien über Wasser halten zu können. In früheren Zeiten war jeder Insulaner ein Strandräuber. Das Holz von **gestrandeten Schiffen** wurde zum Bau der eigenen Häuser verwendet, Seile und Netze wurden wiederverwendet, angespülte Weinfässer waren eine willkommene Abwechslung und auch andere Fässer fanden Verwendung: Auf der Insel Terschelling legte ein angespültes Fass voller kanadischer Cranberrys die Grundlage für die heute intensiv betriebene Cranberry-Zucht der Insel.

Doch auch ein „Jutter" hält sich an Gesetze, wenngleich an ungeschriebene. Eines davon lautet: Sei schneller als der Gemeindebeamte und lass dich nicht erwischen. Ein zweites besagt: Gehe immer alleine zum „Jutten", denn Strandgut lässt sich nicht teilen. Und ein Drittes: Hinter jedem Fundstück verbirgt sich eine Geschichte – finde sie heraus!

Und somit sind die „Strandjutter" auch Meister im **Geschichtenerzählen.** Der „Jutter" Jan Uitgeest zeigte mir einen vom Meerwasser glattgeschliffenen Stein mit einem Loch darin. Seinen Vermutungen nach war dies Lavagestein, das um eine Wurzel geflossen und dann hart geworden ist. Mit der

020tx-ug

Zeit verrottete die Wurzel und hinterließ das Loch im Stein. Und so hatte Jan Uitgeest in seinem Strandräubermuseum Flora 4 zu fast jedem Gegenstand die passende Geschichte parat. Nicht anders ist es beim „Strandjutter" Maarten Brugge, in dessen Hotel De Waal (s. S. 34) eine große Holzkiste voller Strandgut steht. Maarten erzählt die sagenhafte Geschichte von einem Container voller gelber Plastikenten, der im Stillen Ozean über Bord ging. Seitdem wartet ganz Texel darauf, dass eine solche gelbe **Plastikente** den Weg über die Ozeane bis nach Texel schafft. Die vor ein paar Jahren angespülte gelbe Badeente stammte leider nur aus Irland – ein verirrtes Exemplar eines sog. „Duck Race". Noch ein anderes Fundstück holt Maarten aus der Kiste: ein russisches Logbuch, das präzise den Verlauf der niederländischen Küste wiedergibt. Ein Wunder, dass ein solches Buch tagelang auf den Wellen schwimmen konnte, ohne kaputtzugehen.

Heute gibt es auf Texel noch eine Handvoll „Strandjutter". Bei Sturm hält es keinen von ihnen zu Hause, sie müssen zum Strand. Vielleicht wird mal wieder ein Stück Holz angeschwemmt, aus dem man etwas bauen kann, oder eine ausgediente Werkzeugkiste, eine Flaschenpost, ein Schutzhelm – oder endlich die gelbe Schwimmente aus dem Stillen Ozean.

Übrigens: Die Häuser oder Gärten der „Strandjutter" erkennt man meist daran, dass sie voller Strandgut sind.

Wer selbst zum Strandräuber werden möchte, der kann im Hotel De Waal ein Jutter-Arrangement buchen und am Morgen Maarten Brugge zum Strand begleiten. „Man findet immer was", so gibt sich Maarten zuversichtlich.

130tx-ug

mit seinen Jagdfreunden und Geliebten weilte, macht man heute Urlaub. Die drei schönen Backsteinhäuser bieten jeweils vier Personen Platz und verfügen über zwei Schlafzimmer, zwei Bäder, Fußbodenheizung, Fernseher, Spül- und Waschmaschine. Das Schönste aber ist die Terrasse mit dem Blick ins Grüne.

■ **Hotel De Lindeboom** €€-€€€ <006> Groeneplaats 14, Den Burg, Tel. 0222 312041, www.lindeboomtexel.nl. Das Haus am weitläufigen Groenplaats am Beginn der Fußgängerzone von Den Burg. Das schöne, traditionsreiche Dreisternehotel bietet 49 gepflegte Zimmer, auf Wunsch auch mit Luxusausstattung wie Whirlpool-Badewanne oder Privatsauna. Außerdem gibt es zwei Restaurants: die Brasserie und das Schoutenhuys. Tipp im Sommer: die gemütliche Terrasse vor dem Hotel.

› **Nieuw Leven Texel** €€-€€€ <007> Kadijksweg 8, Den Burg, www.nieuwlevентexel.nl/de. Familiengeführte Unterkunft

Hotel, Brasserie und Restaurant in einem: Hotel De Lindeboom

Die Geheimnisse von Westermient

Westlich von Den Burg liegt der Weiler Westermient [B7]. Im 17. Jahrhundert wurde hier großflächig Leinen gebleicht. Als im Jahr 1775 die letzte Bleicherei schloss, verarmte die Gegend. Das nahm Prinz Hendrik, der Ehemann von Königin Wilhelmina, zum Anlass, im Jahr 1918 in Westermient ein Wohnhaus zu bauen. Zum einen gefiel ihm die dünen- und waldreiche Gegend, da sie ein gutes Jagdrevier bot. Zum anderen eignete sich die Abgeschiedenheit hervorragend dafür, um eine seiner vielen Freundinnen, die gerade ein Kind von ihm erwartete, in der Texeler Einöde unterzubringen. Freundlicherweise suchte man für sie auf Texel auch gleich nach einem geeigneten Ehemann. Die Suche hatte Erfolg und der Auserwählte wurde zum Direktor des örtlichen Postamts ernannt. Die Häuser von Prinz Hendrik in Westermient werden heute als Ferienhäuser vermietet.

vor den Toren der Stadt. Fünf große Villen sowie mehrere Hotelzimmer in einem separaten Gebäude mit Gemeinschaftsräumen wie Küche und Wohnzimmer mit Kamin machen einen Aufenthalt – auch in einer Gruppe oder mit der Großfamilie –

131tx-ug

sehr angenehm. Klasse: Es gibt ein kleines Naturschwimmbad im Garten. Rollstuhlgerechte Zimmer im Erdgeschoss. Außerdem wird viel Wert auf Nachhaltigkeit gelegt: Es gibt keinen Gasanschluss und keinen externen Stromanschluss, geheizt wird durch einen speziellen Pelletkessel, der zugleich auch Strom erzeugt. Zudem wird Energie über Solarzellen und Sonnenkollektoren generiert.

- **Stayokay Texel** € <008> Haffelderweg 29, Den Burg, Tel. 0222 315441, www.stayokay.com. Die früheren Jugendherbergen der Niederlande bieten heute unter dem Namen Stayokay gepflegte Unterkünfte in modernem Design an. Das Stayokay auf Texel liegt am Ortsrand von Den Burg. Weil es auch Zwei- und Vierbettzimmer gibt und jedes Zimmer ein eigenes Bad hat, ist das Hostel auch durchaus eine preisgünstige Alternative für Familien. Das Frühstück ist im Preis inbegriffen.

▷ Auch Vegetarier und Veganer werden hier satt: Lokaal 16 (s. S. 28)

◁ Het Schoutenhuys: Essen im ältesten Haus von Texel

Essen und Trinken

› **Catharinahoeve** €€ <009> Rozendijk 17, Den Burg, Tel. 0222 312156, www.catharinahoeve-texel.nl, geöffnet: tägl. 10–22.30 Uhr (im Winter abweichende Öffnungszeiten, s. Website). Eine *Hoeve* nennt man im Niederländischen einen großen Bauernhof. Das reetgedeckte Bauernhaus Catharinahoeve liegt etwas außerhalb von Den Burg, was einige Vorteile mit sich bringt: Die Kinder können sich draußen auf den Klettergerüsten, der Rutsche und der Seilbahn austoben, während die Erwachsenen ausreichend Zeit für Texeler Lammgerichte, Steaks und Saté-Spieße haben. Für die Kleinen gibt es Pfannkuchen und Chocomel-Trinkschokolade! Kurzum: ein familienfreundliches Restaurant mit einem – für holländische Verhältnisse – guten Preis-Leistungs-Verhältnis.

■ **De Smulpot** €€ <010> Binnenburg 5, Den Burg, Tel. 0222 312756, www.smulpot.nl, geöffnet: tägl. 9–22 Uhr. Gemütliches Restaurant mit Terrasse, sodass man hier im Winter wie auch im Sommer prima sitzen und essen kann. Auf der Karte stehen viele Fleischgerichte wie Spareribs, Saté-Spieße, Lamm, T-Bone-Steak und Entenbrust, aber auch Kürbiscurry für Vegetarier. Zum Restaurant gehört auch ein Hotel mit sieben modern eingerichteten Hotelzimmern, ausgestattet mit Boxspringbetten und Bädern mit Regendusche.

■ **Eilandkeuken** €€€€ <011> Gravenstraat 7, Den Burg, www.deeilandkeuken.nl, geöffnet: Di.–Sa. 18–22 Uhr. Die Speisen sind pur, lokal und nachhaltig, die Atmosphäre ist entspannt. Serviert werden, so weit möglich, Zutaten und Produkte von Texeler Böden, die biologisch angebaut wurden. De Eilandkeuken wurde von Michelin mit einem Bib Gourmand ausgezeichnet, der für hohe Qualität zu einem fairen Preis steht.

■ **Gastropub Mans** €€ <012> Stenenplaats 9–10, Den Burg, Tel. 0222 312871,

114tx-ug

www.cafemans.nl, geöffnet: Mi.–Mo. ab 19 Uhr. In diesem Gastropub kann man gut essen und trinken, aber auch Sportübertragungen auf dem großen Bildschirm verfolgen. Ab und zu legen DJs auf.

■ **Het Schoutenhuys** €€€€ <013> Vismarkt 1, Den Burg, Tel. 0222 321032, www.lindeboomtexel.nl, geöffnet: Mi.–So. 17.30–21.30 Uhr. Im ältesten Steingebäude von Texel werden in urgemütlicher Atmosphäre *gerechies* angeboten. Ein Menü (um die 50 €) besteht aus sechs Gängen, meist aus inseleigenen Produkten wie Muscheln, Lamm, Fisch und vielen weiteren leckeren Dingen. Eine köstliche Überraschung und sehr empfehlenswert.

■ **Koffiebar Texelse Branding** € <014> Vismarkt 6, Den Burg, Tel. 0222 728197, https://texelsebranding.nl, geöffnet: Mo.–Sa. 8.30–17 Uhr. Das Café mit eigener Rösterei und kleiner Terrasse ist schön am kleinen Stadtpark von Den Burg gelegen, neben der großen Kirche. Unwiderstehlich sind die Backwaren wie Rosinenschnecken, Croissants und Sauerteigbrot. Alles ist möglichst bio und wird im Haus gebacken.

132tx-ug

MEIN TIPP

Weingut De Kroon van Texel

Wein auf Texel? Ja, das gibt es! Im Jahr 2005 wurden in der Nähe von Den Burg die ersten 500 Rebstöcke angepflanzt. Inzwischen sind es 8500, aus deren Trauben rund 6000 Liter Texeler Wein gewonnen wird – rot, rosé und weiß. Der von Jan-Jaap Kroon mit viel Engagement angebaute Johaniter- und Solaris-Wein wurde mit Preisen überhäuft und tatsächlich schmecken die Tropfen äußerst gut. Zum Weingut gehört auch ein B&B mit drei Zimmern für jeweils zwei Personen.

› **Weingut De Kroon van Texel** <018> Rozendijk 32, Den Burg, www.wijngaarddekroonvantexel.nl, Führungen mit Weinprobe von Anfang Mai bis Ende September jeden Do. und Fr. um 15.30 Uhr, jeden Sa. um 11 Uhr. Anmeldung über die Website oder den Weinladen, der Mi.–Sa. 10.20–16.30 Uhr geöffnet ist.

Im Proeflokaal De Zwan gibt es alle Texeler Biere

- **Lokaal 16** € <015> Gravenstraat 16, Den Burg, www.lokaal16.nl, geöffnet: tägl. 8.30–17 Uhr. Diese Kombination aus Café/Lunchroom und Shop für Produkte aus der Region findet sich in den Niederlanden immer häufiger. Lokaal 16 verkauft selbst gerösteten Kaffee sowie Käse und Wurst. Zu essen gibt es herrliche Frühstücksvarianten, Kuchen (auch vegan) und *tostis,* Suppen sowie Sandwiches zum Mittag.
- **Proeflokaal De Zwaan** €€ <016> Zwaanstraat 6a, Den Burg, geöffnet: Mi. 12–18, Do. 12–22, Fr., Sa. 12–19, So. 14–18 Uhr. In der kleinen Kneipe im Zentrum von Den Burg können die Biere aller fünf Brauereien auf Texel probiert werden. Insgesamt sind es über 50 Sorten.
- **Taveerne De Twaalf Balcken** €€€ <017> Weverstraat 20, Den Burg, www.12balcken.nl, geöffnet: tägl. 15.30–1.30 Uhr. In den Niederlanden heißen sie „Braune Kneipen“, die schummrig dunklen Lokale mit holzvertäfelten Wänden, Balken an der Decke und langer Theke. Eine solch urige Restaurant-Bar ist De Twaalf Balcken, gelegen im Zentrum von Den Burg und beliebt seit 45 Jahren! Man kommt wegen der acht Sorten Bier vom Fass

(und weiteren 140 Biersorten in Flaschen), der leckeren Spareribs und dem Hähnchen vom Josper-Holzofengrill sowie der Gerichte mit Texeler Lammfleisch. Es gibt jedoch auch gute vegetarische Speisen.

- **Wit-lof Foodbar & Hangout** €€ <019> Weverstraat 39, Den Burg, Tel. 0222 365080, www.witloffoodbar.nl, Do.–Sa. ab 12, So. ab 17 Uhr. Das Wit-lof ist modern und mit viel Holz eingerichtet. Das Restaurant eröffnete 2022 als erstes komplett veganes Restaurant der Insel. Ein Jahr später erhielt Wit-lof den Vegan Award. Die Restaurantbesitzer experimentierten schon in ihrem Strandpaviljoen Twaalf (s. S. 73) mit veganen Gerichten. Zur Vollendung bringen sie die vegane Küche nun im Zentrum von Den Burg, wo sie köstliche Gerichte servieren, die von der asiatischen und israelischen Küche inspiriert sind.

Einkaufen

- **Bäckerei Timmer (1)** <020> Weverstraat 90, Den Burg, www.bakkertimmer.nl, geöffnet: Mo.–Fr. 8–17.30, Sa. 8–17 Uhr. Zum Glück gibt es gleich mehrere Filialen auf Texel, sodass man sich jederzeit neu mit den köstlichen Keksen Texelkoekjes und dem Marzipankuchen Hoornderring eindecken kann.
- **Buchhandlung Nauta Boek** <021> Parkstraat 38, Den Burg, https://libris.nl/nautaboek, geöffnet: Mo.–Sa. 9–17.30 Uhr. Diese große Buchhandlung im Ortszentrum bietet in den Sommermonaten auch deutschsprachige Zeitungen und Zeitschriften an.
- **De Kolonist** <022> Weverstraat 50, Den Burg, geöffnet: Mo.–Sa. 10–17 Uhr. Mode der Trend-Label Humör, Cars, Noize und Ichi gibt es im Zentrum von Den Burg bei De Kolonist. Sowohl Männer als auch Frauen können sich hier mit Strand-, Ausgeh- und Freizeitmode einkleiden.

KURZ & KNAPP

Die Geschichte von Kees Boontje

Um den Likör Kees Boontje rankt sich eine nette Geschichte. Kees Boontje war – wie so viele Texelaner – ein Strandräuber. Als er wieder einmal nach einem schweren Sturm am Strand unterwegs war, traf er auf einen gestrandeten schwedischen Seemann. Kees nahm ihn mit nach Hause und pflegte ihn gesund. Zwar hatte der arme Schwede beim Untergang seines Schiffes alles verloren, doch eines war ihm geblieben: eine Flasche köstlichen Likörs, die Kees Boontje sehr schmeckte. Als der Schwede wieder fit war und sich auf den Heimweg machte, überließ er Kees Boontje das Rezept für seinen Kräuterbitter.

- **Doenes** <023> Weverstraat 76, Den Burg, www.doenes.nl, Mo.–Sa. 11–17 Uhr. Kleiner Bastelladen, der auch verschiedene Workshops für Groß und Klein anbietet: Man kann LEGO-Männchen als Souvenir basteln, Makramees knoten, häkeln u. v. m.
- **EkoPlaza** <024> Hogerstraat 15, Den Burg, www.ekoplaza.nl, geöffnet: Mo.–Fr. 8.30–18, Sa. 8.30–17 Uhr. Die niederländische Biosupermarktkette hat auf Texel eine Filiale mitten in Den Burg.
- **Hema** <025> Weverstraat 7, Den Burg, www.hema.nl, geöffnet: Mo.–Fr. 8.30–18, Sa. 8.30–17.30, So. 10.30–16.30 Uhr. Ob Holländer oder Tourist – alle lieben Hema. Bekannt für niedrige Preise, schönes Design und gute Qualität hat sich Hema über die Grenzen hinaus einen Namen machen können. Unterwäsche und Wein, Schwimmhosen und Babykleidung, Schreibwaren und Haushaltsartikel – hier gibt es (fast) alles.
- **Mantje Lifestyle (1)** <026> Hogerstraat 1/5, Den Burg, www.mantjestore.nl, geöffnet: Mo.–Sa. 9.30–17 Uhr. Auf

Texel gibt es zwei Filialen der Mantje Lifestyle Stores: die Hauptfiliale in Den Burg und eine weitere Niederlassung in De Koog (s. S. 43). Bei Mantje findet man Schuhe und schöne Damen-, Herren- und Kindermode der Marken Barbour, Gaastra, Lowa, The North Face, Timberland, Adidas, Birkenstock und Björn Borg. Wer also nicht genug Kleidung mit auf die Insel genommen hat, kann sich hier eindecken.

- **Markt (Den Burg)** <027> Groeneplaats und angrenzende Straßen, Den Burg, geöffnet: jeden Montagmorgen ab 8 Uhr
- **Shoeby** <028> Hogerstraat 12, Den Burg, www.shoeby.nl, geöffnet: Mo.–Fr. 9.30–18, Sa. 9.30–17.30, So. 11–15 Uhr. Shoeby ist mit 220 Geschäften in den Niederlanden vertreten. Verkauft wird trendige Mode, kreiert von Mieke und Jill van Deursen. Viel Wert wird auf persönliche Beratung und Service gelegt.
- **Slijterij De Wit (Getränkehandel)** <029> Weverstraat 18, Den Burg, www.juttertje.nl, geöffnet: Mo.–Fr. 9–18, Sa. 9–17 Uhr. In seinem Getränkeladen, der schon seit Generationen ein Familienbetrieb ist, verkauft Jan de Wit neben 180 verschiedenen Whisk(e)y-Sorten und Weinen aus aller Welt auch Texeler Spirituosen wie den in ganz Holland bekannten Kräuterlikör Juttertje sowie Texeler Bier. Auch ein Likör namens Kees Boontje, der auf Rum-Basis hergestellt wird, ist bei Jan De Wit zu bekommen – als Souvenir sogar in einer Geschenkpackung mit zwei Gläsern.
- **Slijterij Smidt-Witte** <030> Waalderstraat 27 (gegenüber von Albert Heijn), Den Burg, www.detexelseslijterij.nl, geöffnet: Mo.–Fr. 9–18, Sa. 9–17 Uhr. Der nach Orangen und Zitronen schmeckende Likör Slufter Slokkie ist eine Erfindung von Mary Smidt-Witte, die sie ihrem Vater Niek Witte gewidmet hat, der von 1931 bis 1976 als Kutscher Touristen durch das Naturschutzgebiet De Slufter fuhr. Daher auch der Name Slufter Slokkie („Slufterschluck"). Aber auch ihr Maria-Tesselschade-Likör ist nach wie vor der Renner in dem kleinen Getränkeladen im Zentrum von Den Burg.
- **Texelse Chocolaterie** <031> Spinbaan 1a, Den Burg, www.detexelsechocolaterie.nl/de, geöffnet: Mo.–Sa. 9–17.30 Uhr. In dem kleinen Laden im Den Burger „Industrieviertel" stellen Nanne-Jan und Lia Stienstra selbstgemachte Schokolade und Pralinen her. Auch hier spielen die Zutaten der Insel eine große Rolle. So geben Sanddorn, Cranberrys, Erdbeeren und der Insel-Likör *Juttertje* der Schokolade den besonderen Touch.

022tx-ug

5 De Waal ★★★ [D6]

Mit etwas über 400 Einwohnern ist De Waal das kleinste Dorf der Insel, errichtet auf einer Lehmaufschüttung, die noch aus der Eiszeit stammt.

Das bezaubernde und ruhig gelegene Dorf scheint aus einem Bilderbuch zu stammen. Die kleinen Häuser sind alle wunderschön und liebevoll renoviert, in den Vorgärten blühen Blumen und auf dem Platz neben der Kirche lädt eine gemütliche Sitzgruppe den Wanderer oder Radfahrer zum Verweilen ein. Und man bleibt gern, schaut und staunt über so viel Idylle.

Was man auf den ersten Blick nicht sieht: De Waal lag bis zum Jahr 1613 noch am Meer, erst später wurde der Polder zwischen De Waal, Den Burg und dem Meer trockengelegt. Dann ließen sich hier **Bauern** nieder, die vor allem von der Schafzucht lebten. Das Kulturhistorische Museum Waelstee 6 erlaubt einen sehr guten Einblick in das Leben der Texeler Bauern im 19. Jahrhundert. Bis spät ins 19. Jahrhundert gab es in De Waal auch noch Bäcker, Zimmerleute, Wagenmacher und einen Schmied. Heute sucht man Geschäfte vergebens, aber der Schmied übt sein Handwerk noch zweimal wöchentlich im Museum aus. In De Waal leben der Legende nach auch die **Sommeltjes.** Diese freundlichen Lebewesen verlassen ihren Berg nur nachts, denn sie vertragen kein Tageslicht. Wer dem Spazierweg Sommelpaadje folgt, der begegnet mehreren dieser Erdmännchen aus Stein. Ihr „Zuhause" ist der Sommeltjesberg im Süden des Dorfes. Als man diesen Berg im Jahr 1777 abtrug, entdeckte man Funde aus der Römerzeit.

◁ *Dorf-Idylle in De Waal*

6 Museum Waelstee ★★★ [D6]

Untergebracht in zwei historischen Bauernhäusern, zeichnet das Museum Waelstee ein detailliertes Bild vom Leben der einfachen Menschen der Insel.

Man betritt das Museum durch den Eingang des ersten, größeren Bauernhauses, das zu einem Ausstellungsraum umfunktioniert wurde. Hier stehen historische Landwirtschaftsgeräte, Kutschen und andere historische Gerätschaften, u. a. für die Käsezubereitung. Tafeln und Ausstellungsgegenstände zeigen die Bedeutung der Schafzucht und Rinderhaltung für die Insel und informieren über den Flachsanbau, der bis ins 18. Jahrhundert eine wichtige Einkommensquelle auf Texel war.

In dem Haubarg, in dem das Museum untergebracht ist, wohnte im Jahr 1742 der **Schafbauer** Pieter Boon mit seiner Frau, den acht Kindern und zwei Mägden sowie zwei Knechten. Für Texeler Verhältnisse war er mit einem solch großen Haus und 600 Schafen ein sehr reicher Bauer. Ganz anders sahen die Verhältnisse im kleineren Haubarg aus, in dem noch relativ originalgetreu die Ställe und beengten Wohnräume aus dem Jahr 1880 erhalten geblieben sind. Diesen betritt man über den Stall, der lediglich einer Kuh und zwei Kälbern Platz bot. Weiter geht es in die Stube mit dem **Alkoven,** unter dem man früher das eingelegte Obst und Gemüse aufbewahrte – eine Art Vorratskammer. Zum Haubarg gehört auch eine große Scheune, in der noch – neben vielen Gerätschaften – der Lämmerwagen zu sehen ist, mit dem früher die Lämmer zum Hafen nach Oudeschild gebracht wurden, von wo aus sie per Schiff zum Markt nach Leiden

Das Texeler Schaf

Texel und Schafe – das gehört einfach zusammen. Schafe sind auf der Insel allgegenwärtig. Kein Wunder, denn es leben mehr von ihnen auf der Insel als Menschen. Zu den rund 15.000 ausgewachsenen Schafen gesellen sich im Frühling noch einmal fast 11.000 Lämmer. Ursprünglich lebte auf der Insel die alte Texeler Schafsrasse „Pielsteert". Das Pielsteert wurde jahrhundertelang als Milchschaf gehalten, war recht anspruchslos und brachte einmal im Jahr ein Lamm zur Welt. Mit zunehmender Nachfrage nach Lammfleisch züchtete man eine neue Texeler Rasse mit einem breiten, fast flachen Rücken, damit die Schafe möglichst viel Fleisch an den Rippen hatten. Nachteil dieser Züchtung ist, dass die Schafe ihre Lämmer nicht selbst zur Welt bringen können. Sie brauchen Unterstützung vom Bauern. Im Frühjahr sind deshalb die Schafbauern rund um die Uhr im Einsatz, viele von ihnen schlafen sogar im Stall. Wer bei der Geburt eines Lamms mit dabei sein möchte, kann dies mit etwas Glück im Frühjahr auf dem Schafbauernhof Texel (s. S. 124).

Vor allem rund um den Hoge Berg sieht man in der Nähe der Schafe auch immer wieder kleine Häuser, die aussehen, als wären sie in der Mitte auseinandergeschnitten. Diese „schapenboeten" genannten Schafställe wurden so errichtet, dass sie mit der schrägen Seite zum Wind gedreht sind, der auf Texel meist aus Südwesten kommt. Die dem Wind abgewandte, gerade Hausseite dient den Schafen zum Schutz vor dem Wind. Wer an einem stürmischen Tag an einer Weide mit einer solchen „schapenboet" vorbeikommt, der wird sehen, wie sich die Schafe dicht aneinandergedrängt an der Hauswand vor dem Sturm schützen.

⊻ *Kaum auf der Welt und schon muss das Lamm auf eigenen Beinen stehen*

023tx-ug

kamen. Nutzte man den Lämmerwagen nicht, konnte man ihn mit ein paar Handgriffen zu einem kleineren Pferdewagen umfunktionieren.

Wer sich die Holzbalken in der Scheune genauer ansieht, der entdeckt Überraschendes: Hier wurden **Schiffsmasten** als Baumaterial genutzt. Obwohl man sich auf Texel auch Holz vom Festland aus dem Gebiet rund um den Fluss Zaan liefern lassen konnte, gab es eine viel günstigere Alternative: das Holz von gestrandeten Schiffen. Nach einem Sturm machte sich im 19. Jahrhundert halb Texel auf den Weg zum Strand, um angespültes Holz, Netze, Seile und sonstige Fundstücke von gesunkenen Schiffen einzusammeln. „Jutter", also Strandräuber, war in früheren Zeiten jeder, und so finden sich in vielen alten Haubargen immer wieder Masten von versunkenen Schiffen, zu erkennen an ihrer runden Form und den Löchern und Kerben.

Das Museum zeigt nicht nur, wie die Bauern früher lebten, sondern auch, wie sie arbeiteten. Dabei wird in einer Sonderausstellung jedes Jahr ein anderes Thema in den Mittelpunkt gerückt: Ackerbau, Blumenanbau, Transport usw. Diese Zeitreise in die Vergangenheit ist auch für Kinder ein interessantes Erlebnis. Außerdem befinden sich im Museum ein elektrisch betriebener Miniatur-Nachbau einer Dreschmaschine und zwei Kinderkutschen, die von Schafen oder Ziegen gezogen wurden. Zweimal in der Woche wird die **Schmiede** wieder in Gebrauch genommen und ein echter Schmied zeigt, wie man Hufeisen schmiedet.

› Hogereind 6, De Waal, Tel. 0222 312951, www.cultuurmuseumtexel.nl, geöffnet: Anfang März bis Ende Oktober Di.–Sa. 10–17 Uhr, So., Fei. 13.30–17 Uhr, Schmiede Di., Mi. 14–16 Uhr, Eintritt: Erw. 7,50 €, Kinder 4,50 €

024tx-ug

7 Kirche von De Waal ★ [D6]

Während des Aufstands der Georgier im Jahr 1945 (s. S. 48) wurde die Kirche komplett zerstört und später im Stil der 1950er-Jahre wieder aufgebaut – mit einem **anthroposophischen, mehreckigen Turm.** Im Sommer finden in der Kirche ab und zu **Konzerte** statt. Die aus Zaandam stammende **Flentrop-Orgel** ist für ihren guten Klang bekannt. Neben der Kirche stehen die Figuren der Sommeltjes (s. S. 31), um die sich alte Insel-Legenden ranken.

› Langwaal, De Waal, offen für Gottesdienste und Konzerte

Insel-Flair im Hotel de Waal – hier kann man stilvoll nächtigen

Die Vogelmenschen

Bis zu Beginn des 20. Jahrhunderts war Tourismus auf der Insel ein Fremdwort. Badegäste gab es nicht. Die meisten Menschen konnten sowieso nicht schwimmen und hatten auch einen gewissen Respekt vor dem Meer. Freiwillig ging niemand ins Wasser. Die ersten Texel-Besucher kamen also nicht, um zu baden, sondern um die außergewöhnliche Natur zu sehen. Auch der Vogelreichtum auf der Insel hatte es den Besuchern angetan. Die ersten Touristen wurden deshalb als „Feugeltjesminsen", als „Vogelmenschen", bezeichnet. Erst in den 1930er-Jahren entdeckte man die sommerlichen Badefreuden im Meer. Zu den „Vogelmenschen" gesellten sich nun auch „Sommerlinge".

Unterkünfte

› **Hotel de Waal** €€ <032> Hogereind 28, De Waal, Tel. 0222 313282, www.hoteldewaal.nl. Beim „Jutter" zu Hause: Der sympathische Strandräuber Maarten Brugge hat das Hotel seiner Schwiegereltern übernommen, was ihm zwar weniger Zeit für seine eigene Strandräuberei lässt, dafür umso mehr Gelegenheit bietet, seine Kinder und die Gäste in die Geheimisse des *jutten* einzuweihen. Wer selbst einmal mit ihm auf Schatzsuche an den Strand gehen möchte, der kann auf der Hotel-Website das „Jutter-Arrangement" buchen. Dann geht es mit Maarten – am besten an einem stürmischen Tag – zum Strand. Wer beides nicht braucht und lieber ausschläft, der wird sich in den individuellen und im maritimen Stil eingerichteten Zimmern sehr wohlfühlen. Keine Massenabfertigung, sondern Gastfreundschaft mit Familienanschluss – und im echt Texeler Stil! Übrigens: Der „Jutter" Maarten hat viele seiner Fundstücke im Hotel „eingebaut".

› **Hotel Rebecca** €€ <033> Hogereind 39, De Waal, Tel. 0222 312745, www.rebeccatexel.com. Dreisternehotel im Zentrum von De Waal mit mehreren einfach eingerichteten Zimmern und einer Suite mit Whirlpool. Das Hotel ist vor allem für sein wirklich gutes Restaurant bekannt.

Essen und Trinken

› **Brasserie Rebecca** €€€, im Hotel Rebecca (siehe oben), geöffnet: Di.–So. 12–20.30 Uhr. Die Brasserie Rebecca serviert Gerichte aus aller Herren Länder – von Gänseleber über Steak aus den USA bis zu Texeler Käse. Empfehlenswert ist das 3-Gänge-Überraschungsmenü.

8 De Koog ★ [B5]

Das ehemalige Fischerdorf ist heute der einzige echte Badeort der Insel, gelegen am langen Nordseestrand. Man sieht hier kaum noch alte Gebäude, vielmehr ist es in De Koog so wie in vielen anderen Badeorten der Welt: Shops verkaufen Bademode und Souvenirs, man kann sich mit Flip-Flops eindecken, es gibt Surfkleidung und Lenkdrachen. In der zur Fußgängerzone erklärten Dorpsstraat, der **Dorfstraße**, reiht sich ein Restaurant an das andere.

Auch **Jugendliche** kommen in De Koog voll auf ihre Kosten. Die Dorpsstraat lädt am Abend zum Chillen ein. Der benachbarte Jugend-Campingplatz trug seinen Teil dazu bei, dass De Koog lange Zeit ein vor allem bei Jugendlichen äußerst beliebter Badeort war. Das ändert sich langsam, der Fokus liegt nun auf Familien, die in De Koog viel Abwechslung finden: Jan Plezier lädt zu Kutschfahrten (s. S. 130) ein, die Dünen zum Wandern und Radfahren und der lange Sandstrand liegt sozusagen um die Ecke.

Dass De Koog einmal eines der ältesten und wohlhabendsten **Fischerdörfer** der Insel war, dessen Geschichte bis ins 14. Jahrhundert zurückreicht, ist heute kaum mehr zu erkennen. Lediglich die kleine alte Kirche und das Häuschen daneben stammen aus einer Zeit, als De Koog noch kein beliebter Badeort war.

Von hier stachen früher die Walfänger in See und reiche Kommandanten besaßen in De Koog ihre Häuser. Dass der Ort früher per Schiff erreichbar war, lag daran, dass nördlich ein Seegatt (Strömungsrinne zwischen zwei Inseln) lag. Die Insel Texel bestand noch aus zwei Teilen: Texel und Eierland (s. S. 47). Die zunehmende Versandung und die große Sturmflut von 1570 führten dazu, dass Schiffe den Ort nicht mehr anfahren konnten. Das Dorf verwandelte sich in ein ärmliches Bauerndorf, dessen Einwohner in den kargen Dünen **Schafe** weiden ließen. Ein mühseliges Unterfangen, denn immer

025tx-ug

wieder wurden die Schafe von Sturmfluten in den Tod gerissen. Nach jeder Sturmflut wurden zwar die Deiche wieder aufgebaut, doch viele der Einwohner siedelten nach Den Hoorn um. Im Jahr 1921 gab es in De Koog nur noch elf Häuser und die besagte kleine Kirche, die noch heute mitten in der Fußgängerzone steht.

Erst mit dem Aufkommen des Badetourismus gewann das Dorf wieder an Bedeutung und ist heute der beliebteste Badeort der Insel. Dennoch ist De Koog ein kleiner Ort geblieben, zwar mit entsprechendem Trubel in den Sommermonaten, doch außerhalb der Saison recht ruhig. Kaum hat man die belebte Dorpsstraat hinter sich gelassen, laden **Strand, Dünen und Wald** zu ausgedehnten Spaziergängen ein.

9 Ecomare ★★★ [B6]

Eine der Hauptattraktionen auf Texel und ein unvergessliches Erlebnis – nicht nur für Kinder – ist ein Besuch von Ecomare, dem Informationszentrum über die Nordsee und das Wattenmeer.

Seit 1952 ist Ecomare ein Auffangzentrum für verletzte Robben und Heuler, die man an den Stränden von Texel fand. Und noch heute kümmern sich die Mitarbeiter liebevoll um die **Robben.** Die Tiere in Ecomare sind entweder vorübergehend zum Aufpäppeln im Meereszentrum oder – falls das Auswildern nicht mehr möglich ist – den Rest ihres Lebens. Man sieht es den Tieren an: Viele der Robben sind blind oder verwundet. Während der **Fütterungen,** die mehrmals täglich stattfinden, erfahren die Besucher etwas über die Tiere und ihren Lebensraum.

Neben ganz jungen und geschwächten Robben werden auch **Seevögel** aufgenommen, die krank, verwundet oder geschwächt auf der Insel gefunden wurden. Auch sie werden von den Tierpflegern im Ecomare so lange versorgt, bis sie wieder zu Kräften gekommen sind und freigelassen werden können.

Im Untergeschoss befinden sich die großen **Meeresaquarien,** in denen sich die Bewohner des Wattenmeeres tummeln. Dazu gehören viele Fische und kleine Haie, aber auch Seesterne, Muscheln und Krebse. Der für die-

Zweimal am Tag darf man bei der Robbenfütterung zusehen

se Tiere typische Lebensraum wurde in den großen Bassins speziell nachgebaut. Das größte der Aquarien ist das Nordsee-Aquarium mit einer Höhe von fast fünf Metern und einem Durchmesser von rund vier Metern. Ecomare-Besucher können bei der Fütterung der Fische zusehen.

Doch das ist nicht alles: Ecomare informiert auch ausführlich und abwechslungsreich über die **Bedrohung des Wattenmeers und der Nordsee,** beispielsweise infolge von Verschmutzung durch Plastikabfälle. Es wird gezeigt, inwiefern wir alle mithelfen können, das Meer sauber zu halten. Wechselausstellungen befassen sich mit den Themen Wattenmeer und Nordsee sowie mit der Natur auf Texel.

Sehenswert ist auch der **Walsaal** mit beeindruckenden, riesigen Walskeletten, zwischen denen man umherlaufen kann, während einen die Laute dieser riesigen Säugetiere umgeben. Die beiden Skelette stammen von auf Texel angespülten Walen, einer davon ist ein 15 Meter langer Pottwal, in dessen Darm ein 83 Kilo schweres Stück wertvollen Ambers gefunden wurde. Ein kleines Stück davon ist in einer Vitrine zu sehen. Darüber hinaus gibt es viele – auch spielerisch präsentierte – Informationen über Wale und eine riesige Darstellung ihrer Evolutionsgeschichte.

Weil es im Ecomare so viel zu sehen gibt und man sich leicht ein paar Stunden aufhalten kann, gibt es auch ein großes **Selbstbedienungsrestaurant** mit Getränken und Speisen zu akzeptablen Preisen. Bei schönem Wetter kann man auch im Freien sitzen.

Der Wal, der seinen eigenen Saal finanzierte

Als im Jahr 2012 ein toter Pottwal am Strand von Texel anspülte, war man entsetzt. Nicht schon wieder! War doch erst die Waldame Johanna trotz einer immensen Rettungsaktion verendet. Und nun wieder ein toter Wal. Man begann – wohl oder übel – mit der Beseitigung des Tierkadavers. Das Skelett wollte man im Informationszentrum Ecomare 9 ausstellen.

Beim Ausnehmen des Tiers fand man einen großen, harten Klumpen im Körper des Pottwals: **Amber.** Doch was ist Amber? Pottwale fressen für ihr Leben gern Tintenfische. Diese sehen zwar sehr weich und gut verdaulich aus, doch sie besitzen einen scharfen und harten Hornkiefer. Diese Tintenfischkiefer sind auch für einen Pottwal unverdaulich und so werden sie in der Regel wieder ausgespuckt. Gelingt es dem Pottwal nicht, diese Hornkiefer auszuscheiden, sammeln sie sich in seinem Magen und verklumpen. Diese Klumpen werden von einer körpereigenen Substanz der Pottwale umgeben: Amber. Hört sich eher unappetitlich an, das Ergebnis ist aber eine der teuersten Substanzen der Welt, denn Amber dient als **Duftstoff für die Herstellung von Parfum.** Ein Kilo kann bis zu fünfstellige Summen einbringen.

Der bei Texel auf der Sandplatte Razende Bol angespülte Pottwal hatte in seinem Darm fünf Brocken Amber – insgesamt waren es 83 Kilo! Noch nie zuvor wurde eine so große Menge in einem angespülten Pottwal gefunden. Mit dem Erlös des Verkaufs konnte der Walsaal im Ecomare finanziert werden. In diesem Walsaal können Besucher regelrecht zwischen den Walskeletten hindurchspazieren.

MEIN TIPP

Paal 17

Jeder hat so seinen Lieblingsplatz auf Texel. Und in die Top Ten gehört sicherlich das **Strandrestaurant Paal 17** (s. S. 42). Viele führt der erste Weg dorthin, viele würden hier am liebsten ihren Geburtstag oder ihre Hochzeit feiern (was im Übrigen auch möglich ist). Warum? Das Strandrestaurant steht – wie der Name schon sagt – direkt am Strand und zwar bei Paal 17 (direkt hinter dem Ecomare 9). Weil das mit viel Holz und Glas eingerichtete Restaurant eine große Fensterfront hat und auf Pfählen errichtet wurde, bietet es einen traumhaften Blick auf Meer, Strand und Sonnenuntergang. Zudem gibt es hier sehr gutes Essen wie Kabeljaufilet oder Texeler Lamm, aber auch hervorragende Sandwiches und viele vegetarische, vegane und glutenfreie Gerichte. Kein Wunder, dass Paal 17 im Jahr 2023 zum besten Strandpavillon der Watteninseln gekürt wurde. Noch ein Vorteil: Das Restaurant ist das ganze Jahr über geöffnet und wird nicht, wie die meisten Strandbars an der niederländischen Küste, im Winter abgebaut. Lediglich das dazugehörige Strandrestaurant Paal 17 Zomers (gleich daneben) steht dort nur von April bis Anfang Oktober.

Last but not least: Paal 17 ist sehr gut mit dem Auto erreichbar und verfügt über einen recht großen Parkplatz.

119tx-ug

Die Mitarbeiter bieten auch **Exkursionen** an. Einige wie die Wattführung finden auf Deutsch statt. Auf der Website von Ecomare (www.ecomare.nl/de/besuche-ecomare/exkursionen-ecomare) kann man sich online zur Führung anmelden. Eine Anmeldung vor Ort ist ebenfalls jederzeit möglich. Zeiten und Preise der Führungen stehen auch in deutscher Sprache auf der Website.

› Ruijslaan 92, De Koog, Tel. 0222 317741, www.ecomare.nl/de, geöffnet: tägl. 9.30–17 Uhr, Eintritt: Erw. 15,50 €, Kinder 4–18 Jahre 10,50 €. Welche Fütterungen wann stattfinden, steht auf der Website unter „Besuchen“/„Agenda“.

Strände

De Koog ist der einzige Ort der Insel, der direkt an einen Strand grenzt. Zwar ist auch dieser Ort durch Dünen vor dem Meer geschützt, aber in ein paar Gehminuten ist man vom Zentrum am Strand. Auch die meisten Hotels und Campingplätze verstecken sich hinter oder in den Dünen. Einzige Ausnahme ist das Strandhotel Noordzee, das auf der äußersten Düne steht und somit von einigen Zimmern einen Meerblick bietet.

› Der **Strand von De Koog** reicht vom Strandabschnitt Paal 17 (bei Ecomare 9) bis Paal 21. Von Anfang Juni bis Anfang September sind die Strände von 8 Uhr morgens bis 18 Uhr abends bewacht.

› Die **Strandrestaurants** bei Paal 17, Paal 19,5 (Beachclub Texel) und Paal 21 (alle s. S. 42) sind ganzjährig geöffnet.

[<] *Hervorragendes Essen im Strandpaviljoen Paal 17 (s. S. 42)*

[>] *Aus dem, was das Meer anspült, entstehen die „Neptun-Puppen“*

Reisetipps

- **Badeparadies Calluna** <034> Schumakersweg 3, De Koog, Tel. 0222 317888, www.kustparktexel.nl/het-park/zwembad, geöffnet: tägl. 10–17 Uhr mit drei Zeitfenstern (s. unter „Openingstijden"), im Winter abweichend, Eintritt: Tageskarte Erw. 7 €, Kinder 4–11 Jahre 4,50 €. Das Familienbad lockt mit einer 85 Meter langen Rutsche, Wellenbad, Strömungskanal und zwei Whirlpools. Außerdem gibt es eine Sauna, für deren Besuch allerdings zusätzliche Kosten anfallen.
- **Fietsen op Texel** <035> Nikadel 75, De Koog, Tel. 0222 317841, www.fietsenoptexel.nl, geöffnet: Mo.–Sa. 8.30–17 Uhr, So. 10–17 Uhr. Neben Fahrrädern gibt es hier auch Motorroller, Bollerwagen und Kettcars zu mieten. Der Pannenservice vom Fiets-Inn kommt überall auf der Insel zu Hilfe.
- **Fietsverhuur De Koog** <036> Brink 6, De Koog, Tel. 0222 327027, www.fietsverhuurdekoog.nl, geöffnet: Mo.–Sa. 8.30–18, So. 10–12 Uhr. Hier gibt es alle Fahrräder, die das Herz begehrt: Mit oder ohne Gangschaltung, Tandems, Eltern-Kind-Tandems, *Bakfietsen* (Transportfahrräder), Mountainbikes, Kinderfahrräder, Kinder- und Hundekarren. Und das Beste ist: Wenn das Rad unterwegs kaputt geht, dann wird ein neues gebracht.
- **Sportshop Texel** <037> Dorpsstraat 87a, De Koog, Tel. 0222 317460, www.sportshoptexel.nl, geöffnet: Mo.–Sa. 9–18 Uhr. Neben dem Verkauf von Drachen, Sportkleidung und Strandspielsachen wird vom Sportshop Texel auch der Verleih von Surfboards und Sandbikes angeboten.

Unterkünfte

- **Camping Coogherveld** €-€€ <038> Kamperfoelieweg 3, De Koog, Tel. 0222 317728, www.coogherveld-texel.nl/de.

My Beach

Die Stichting Noordzee hat eine Initiative ins Leben gerufen, um den Strand an der niederländischen Küste sauber zu halten und Plastikmüll im Meer zu vermeiden. Unter dem Motto „My Beach" rufen sie Einheimische und Touristen dazu auf, für einen 100 % abfallfreien Strand zu sorgen. So gibt es an diversen Strandzugängen einen Holzverschlag, an dem Papiertüten hängen, die man kostenlos mit zum Strand nehmen darf, um darin seinen Abfall zu verstauen. Dank Container wird der Müll am Strand getrennt und in den Sommerferien finden regelmäßig Aufräumaktionen am Strand statt. Mitmachen darf jeder. Auf Texel haben sich die Strandrestaurants bei Paal 9, 12, 15, 17 und 28 der Aktion „My Beach" angeschlossen. Übrigens: Die sogenannten Neptun-Puppen am Strand gehören auch zur Aktion. Sie wurden aus Strandmüll gebaut, um auf den Unrat aufmerksam zu machen und gleichzeitig auf die Aktion „My Beach" hinzuweisen.

027tx-ug

028tx-ug

Familiencampingplatz mit Chalets, voll eingerichteten Safarizelten (Lodges) und Stellplätzen für Wohnwagen und Zelte, rund 1 km vom Strand entfernt.

- **Camping Kogerstrand** €-€€ <039> Badweg 33, De Koog, Tel. 0222 390112, www.krim-texel.de/camping-kogerstrand. 900 Stellplätze, es werden auch eingerichtete Zelte und Hütten vermietet.
- **Grand Hotel Opduin** €€€ <040> Ruijslaan 22, De Koog, Tel. 0222 317445, www.opduin.nl. Das Viersternehotel versetzt einen direkt in Urlaubsstimmung. Vom großen und gemütlichen Restaurant, das im Stil der amerikanischen Küstenregion The Hamptons eingerichtet ist, fällt der Blick auf die Dünen. Die Sonnenterrasse grenzt an den Küstenwald und die Zimmer sind im maritimen Stil eingerichtet. Es gibt ein Hallenbad und einen Wellnessbereich, einen großen Parkplatz und ein Restaurant.
- **Hotel De Zwaluw** €€ <041> Kamperfoelieweg 1, De Koog, Tel. 0222 317329, www.hoteldezwaluw.nl. Nettes, kleines Boutiquehotel mit frisch renovierten, modern eingerichteten Zimmern und Apartments mit Balkon oder Terrasse. Zum Hotel gehört auch eine gemütliche Brasserie.

⌃ *Dünenblick: auf der Terrasse des Grand Hotel Opduin*

- **Hotel Greenside** €€€ <042> Stappeland 6, De Koog, Tel. 0222 327222, www.hotelgreenside.nl/de. Das Viersternehotel liegt am Ortsrand von De Koog in einer grünen, ruhigen Umgebung. Dennoch ist man in wenigen Minuten mitten im Zentrum des Badeorts, auch der Strand ist zu Fuß erreichbar. Das Greenside verspricht puren Genuss: Die Zimmer sind relativ groß, modern und gemütlich eingerichtet und mit einer Sitzecke sowie einem kleinen Tisch ausgestattet. Viele Zimmer haben einen eigenen Balkon oder eine große Terrasse. Zum Hotel gehören auch ein Wellnessbereich und das Restaurant Wambinge, das bereits als bester Lehrbetrieb der niederländischen Gastronomie ausgezeichnet wurde. Man isst nicht nur sehr gut, sondern wird auch äußerst freundlich bedient.
- **Hotel Kogerstaete** €€-€€€ <043> Dorpsstraat 230, De Koog, eigener Parkplatz, Tel. 0222 327733, www.kogerstaete.nl/de. 2018 übernahmen Desiré Boks und Simon Fulcri das mit Preisen (u. a. als bestes Hotel der Niederlande) überhäufte Viersternehotel Kogerstaete und bauten es komplett um. Die 26 komfortablen Zimmer und Suiten haben teilweise Balkon oder Terrasse, Dampfduschen oder Sunshower. Am Abend lädt das gemütliche Restaurant mit Terrasse zum Verweilen ein. Den Gästen stehen

außerdem Lademöglichkeiten für elektrische Autos und Fahrräder, ein Fahrstuhl, eine Nespresso-Kaffeemaschine in jedem Zimmer und Gratis-Parkplätze zur Verfügung. Zu Fuß ist man schnell in der Dorfstraße und am Strand (rund 10 Gehminuten).

- ■ **Kustpark Texel** €€€ <044> Schumakersweg 3, De Koog, Tel. (Roompotparks in Deutschland) 040 228587878, www.kustpark-texel.de. Rund 3 km vom Nordseestrand und 1,5 km von De Koog entfernt befindet sich der Kustpark mit Unterkünften in verschiedenen Kategorien – vom einfachen Chalet über freistehende Bungalows bis zur Luxusvilla mit Reetdach, einige davon mit behindertengerechter Ausstattung. Hallenbad, Sauna, Kinderclub, Fahrradvermietung und Tennisplätze.
- ■ **Landal Beach Park Texel** €€€ <045> Stappeland 12, De Koog, Tel. 0222 317007, www.landal.de. Rund zwanzig Gehminuten sind es vom Beach Park aus zum Strand, doch der eigene Fischweiher liegt sozusagen vor der Tür. Die meisten der 144 Luxusvillen liegen am Wasser. Die komfortable Ausstattung der freistehenden Ferienhäuser ähnelt der des Villapark Vogelmient, beide Ferienparks gehören zum Ferienpark-Anbieter Landal.
- ■ **Landal Villapark Vogelmient** €€€ <046> Vogelmient 65, De Koog, Tel. 0222 317100, www.landal.de. Angrenzend an Wald und Dünen und nur zehn Gehminuten vom Strand entfernt befinden sich die 60 freistehenden Ferienhäuser des kleinen Villaparks Vogelmient, der zur renommierten Landal-Kette gehört. Die Villen bieten vier bis sechs Personen Platz und verfügen über Mikrowelle, Geschirrspüler, Sauna mit integriertem Solarium, Waschmaschine, Trockner und Terrasse mit Gartenmöbeln.
- › **Van der Valk Hotel Texel – De Koog** €€ <047> Pelikaanweg 18, De Koog, eigener Parkplatz, Tel. 0222 317202, www.valktexel.nl. Das Hotel, zu dem auch Apartments gehören, liegt am Waldesrand und ist rund eine Viertelstunde zu Fuß vom Strand entfernt. Praktisch ist der zum Hotel gehörende Fahrradverleih, sodass man vom Hotel aus zu Radtouren aufbrechen kann.
- › **Villapark De Koog** €€€ <048> Pontweg 183, De Koog, Tel. 0222 317542, www.texel.net/de/complex/villapark-de-koog. Nachhaltig errichtete Luxusvillen mit Reetdach und großen Fenstern für 6 Personen. Hot Tub und Grill stehen im Garten mit Terrasse zur Verfügung.

MEIN TIPP

Seelsorge-Filiale

Von Anfang Juli bis Anfang September gibt es auf Texel eine „Seelsorge-Filiale" des **Bistums Essen.** Dann schlagen die Seelsorge-Teams ihr Lager auf dem Campingplatz Kogerstrand auf. Sie bieten **Beichtgelegenheiten** und **Glaubensgespräche** an. Außerdem gibt es einen **Gottesdienst** in deutscher Sprache in De Cocksdorp (10). Nach den Gottesdiensten stehen die Mitglieder des Teams auch zum persönlichen Gespräch zur Verfügung.

› www.touristenseelsorge-texel.de

Auch die **EKD (Evangelische Kirche Deutschlands)** bietet Urlaubsseelsorge und deutschsprachige Gottesdienste auf Texel an.

› www.demtex.nl

Essen und Trinken

- › **Grand Hotel Opduin** €€€ (s. S. 40). Zum Grand Hotel Opduin gehört ein gemütliches, im Stil der Hamptons eingerichtetes Restaurant.
- ■ **Oudeland Texel** €€€ <049> Dorpsstraat 175, De Koog, www.oudelandtexel.nl, geöffnet: Nov.–März Do.–So. 15–23, April–Okt. Mi.–So. 15–23 Uhr. Kulinarisch ausgefeilte Gerichte, die auf der

Philosophie der Dutch Cuisine basieren: lokal, nachhaltig und nach dem 80/20-Prinzip (80 % Gemüse, 20 % Fleisch oder Fisch).

- **Quinty's** €€ <050> Dorpsstraat 147, De Koog, Tel. 0222 317472, www.quintys.nl/de, geöffnet: Mo.–Fr. ab 17, Sa., So. ab 13.30 Uhr. Sehr gemütliches Restaurant mit guten Fleisch-, Fisch- und vegetarischen Gerichten. Auf der Karte stehen Texeler Spezialitäten, aber auch Nachos und Burger.
- **Vis van Beek** €€ <051> Dorpsstraat 109, De Koog, Tel. 0222 317330, geöffnet: Mitte März–Ende Okt. Mo.–Sa. 11.30–18.30 Uhr, frisch gebackenen Fisch gibt es ab 11 Uhr. Das Fischzentrum in De Koog hat sich bewusst für Fisch aus der Nordsee und dem Wattenmeer entschieden, importierten Zuchtfisch vermeidet man. Auch legt man Wert auf innovative und umweltfreundliche Fangmethoden. Und so werden in dem Fischgeschäft und dem dazugehörigen Imbiss mit Terrasse u. a. frittierte Kabeljaustückchen *(Kibbeling)*, Rotbarsch, Scholle und Fischbrötchen mit holländischem Matjes serviert.
- › **Wambinge** €€€. Restaurant im Hotel Greenside (s. S. 40) mit gemütlicher, warmer Atmosphäre und hervorragender Küche. Terrasse am Wasser.

Strandrestaurants

- **Beachclub Texel** €€ <052> Ruijslaan 30, De Koog, Tel. 0222 315405, www.beachclubtexel.nl, ganzjährig geöffnet: tägl. 10–22 Uhr. Auf Stelzen errichtetes Strandbistro hinter den Dünen und dem Wald von De Koog, gut erreichbar vom Hotel Opduin und über den Badweg. Auf der Karte stehen Snacks wie *tostis* und Pommes, aber auch Spareribs, Saté-Spieße, Hamburger und Fischgerichte zum Abendessen.
- › **Strandpaal 21** €€-€€€ <053> Strandslag 21, De Koog, www.strandpaal21.nl, geöffnet: Mi.–So. ab 11 Uhr. Schöner Beachclub mit großer Sonnenterrasse, guten Cocktails, abwechslungsreicher Karte, kleinem Shop mit Babykleidung und Strandartikeln sowie Vermietung von Strandhäuschen.
- › **Strandpaviljoen Paal 17** €€ <054> Ruijslaan 94–98, De Koog (beim Ecomare Richtung Strand), Tel. 0222 317614, www.paal17.com, geöffnet: ganzjährig tägl. ab 10 Uhr, Küche mind. bis 20 Uhr. Am besten vorher reservieren. Sehr gute Hauptgerichte, aber auch hervorragende Sandwiches. Viele Texel-Besucher haben Paal 17 zu ihrem Lieblings-Strandrestaurant erkoren. Im Jahr 2023 wurde es sogar zum besten Strandpavillon der Watteninseln gekürt.

026tx-ug

Einkaufen

■ **Bäckerei Timmer (2)** <055> Dorpsstraat 90, De Koog, www.bakkertimmer.nl, geöffnet: Mo.-Fr. 7.30-18, Sa. 7.30-17, So. 8-17 Uhr. Ofenfrisches Brot und Brötchen sowie Texeler Spezialitäten wie der mit Marzipan gefüllte „Hoornderring" gibt es beim Bäcker Timmer, der sich als der „Echte Bäcker von Texel" bezeichnet. Timmer gehört nämlich der Echte Bäckersgilde an, die sich an strenge Qualitätsmaßstäbe hält.

■ **Dobber Outdoor** <056> Badweg 9, De Koog, www.dobberoutdoor.nl. Campingmöbel, zusammenklappbare Bollerwagen, Drachen und Kites, Neoprenanzüge und Bademode gibt es in diesem strandnahen Laden, der im Sommer täglich geöffnet ist.

■ **Eiland Baby** <057> Nikadel 24A, De Koog, https://eilandbaby.nl, geöffnet: Mi.-Sa. ab 10, So. ab 11 Uhr. Der Name verrät es: Kleidung und Kissen fürs Baby und Spielsachen für Kleinkinder. Außerdem richtig tolle Tipizelte!

■ **Jumbo Supermarkt (1)** <058> Nikadel 73, De Koog, www.jumbo.com, geöffnet: Mo.-Sa. 8-21 Uhr, So. 9-19 Uhr. Jumbo gehört zu den preiswertesten Supermärkten der Niederlande und eignet sich daher für alle, die sich in einem Ferienhaus mit Lebensmitteln eindecken möchten. So wie in Holland üblich, gibt es Spirituosen nicht im Supermarkt, sondern in der benachbarten *slijterij*.

■ **Lidl** <059> Nikadel 19, De Koog, geöffnet: Mo.-Sa. 7-20, So. 9-18 Uhr. Den zentral in De Koog liegenden Supermarkt Lidl kennt man auch aus Deutschland. Der Discounter bietet Lebensmittel, frisches Obst und Gemüse an.

■ **Mantje Lifestyle (2)** <060> Dorpsstraat 55, De Koog, www.mantjestore.nl, geöffnet: Di.-Sa. 9.30-17, So. 10-16 Uhr. Auf Texel angekommen und die Regenjacke vergessen? Macht nichts. Mantje führt Wind- und Regenjacken in allen Preisklassen, aber auch Hosen, Shirts und Schuhe für Erwachsene und Kinder. Eine größere Filiale gibt es in Den Burg (s. S. 29).

■ **Semke Delicatexel** <061> Dorpsstraat 142, De Koog, www.semkedelicatexel.nl, geöffnet: Do.-Sa. 10.15-17 Uhr. Hier gibt es alles, was schmeckt: holländischen Käse, getrocknete Lammwurst, frisch geröstete Nüsse, Tee und Schokolade, aber auch Texeler Bier.

› **Sportshop Texel** (s. S. 39). Spezialisiert auf Drachen und Wassersport. Es gibt Neoprenanzüge, Strandkleidung und -spielsachen sowie Badekleidung.

› **Strandshop Paal 17**, im Strandpaviljoen Paal 17 (s. S. 42). Neben Strandutensilien gibt es hier warme Decken, Souvenirs und Kleidung. Außerdem werden Softeis, Pommes frites, verschiedene Snacks sowie heiße und kalte Getränke angeboten. Praktisch: Strandgänger können dort auch Windschutz, Strandstühle, Sonnenliegen und Sonnenschirme mieten.

■ **Zilt & Zo** <062> Dorpsstraat 81, De Koog, www.ziltenzotexel.nl, geöffnet: Sept.-Juni tägl. 10-17.30 Uhr, Juli/Aug. tägl. 9-20 Uhr. Zwei aneinandergrenzende Geschäfte im Zentrum von De Koog voller schöner Dinge: bunte Kissen von PIP Studio, Babykleidung von Lief, Geschirr von Marieke, Texeler Schafscreme und viele maritime Dekogegenstände. Hier könnte man stundenlang stöbern.

Kultur

■ **Galerie Posthuys Texel** <063> Brink 14, De Koog, Tel. 06 41378884, www.galerieposthuys.nl, geöffnet: Mi.-So. 11-17 Uhr. In den lichtdurchfluteten Galerieräumen des ehemaligen Posthäuschens von De Koog stellen regelmäßig Künstler der Insel, aber auch niederländische und internationale Künstler aus.

◁ Das pure Strandfeeling finden Urlauber bei Paal 17

MEIN TIPP

Mit dem Pferdewagen über den Strand

Die Kutschfahrten mit dem Pferdewagen **Jan Plezier** (s. S. 130) sind keine neumodische Touristenattraktion, sondern eine seit 1928 bestehende Tradition für Texelaner und Naturfreunde. Mit der Kutsche geht es durch die Naturschutzgebiete De Nederlanden, De Muy 33 und De Slufter 34 sowie über den Strand, durch die Dünen und den Wald. Zwischendurch wird Halt gemacht und am Strand eine Tasse Kaffee, Tee oder Schokolade getrunken. Es gibt wohl keine entspanntere Art, die Naturschönheiten der Insel Texel zu erkunden.

Nachtleben

Wer das Texeler Nachtleben sucht, der muss nach De Koog. Während es anderswo auch in der Hauptsaison abends eher ruhig zugeht, ist hier im Sommer schwer was los.

- **Alt Amsterdam** <064> Dorpsstraat 41, De Koog, geöffnet: Fr., Sa. ab 20, So.–Do. ab 22 Uhr. Kneipe mit guten Cocktails und noch besserer Stimmung.
- **Dancefactory Toekomst** €€ <065> Dorpsstraat 20a, De Koog, Tel. 66 27373271, www.facebook.com/toekomsttexel. Der Club, der das Flair eines alten Fabrikgebäudes ausstrahlt, lockt mit einer beeindruckenden Licht-, Laser- und Videoshow hauptsächlich junge Leute. Das ganze Jahr über wird hier am Samstagabend Musik aufgelegt, in den Monaten Juli und August ist die Dancefactory jeden Abend zwischen 22 und 3.30 Uhr geöffnet.
- **Sjans** €€ <066> Dorpsstraat 31, De Koog, Tel. 0222 327303, www.sjans-texel.nl, geöffnet: Restaurant 16.30–22 Uhr, Kneipe bis 3 Uhr. Hier kann man erst ein riesiges Steak schlemmen, dann einen Cocktail schlürfen und später zu den Takten der DJs bis in den Morgen tanzen.

10 De Cocksdorp ★★ [E2]

Das nördlichste der sieben Dörfer Texels ist zugleich das jüngste, denn sein Grundstein wurde erst im Jahr 1835 gelegt. Zuvor gab es an dieser Stelle nur einen kleinen Hafen, über den die Insel mit Baumaterial, Geräten für die Landwirtschaft und mit Vieh versorgt wurde. Doch dann kam ein Reeder namens **De Cock** aus Antwerpen nach Texel und gründete zusammen mit anderen vermögenden Herren die **Gesellschaft des Eigentums von Eierland.** Gemeinsam erwarben sie für 90.000 Gulden das Deichvorland auf der ehemaligen Insel Eierland (s. S. 47) – zusammen mit der Erlaubnis, das Land trockenzulegen. Dazu warben sie rund 1500 Arbeiter an, die in nur zwanzig Wochen einen elf Kilometer langen Deich anlegten. Das Land zwischen dem Deich wurde zum **Polder,** ein Dorf namens Nieuwdorp entstand. Doch schon bald nannte man das Dorf in **De Cocksdorp** um. Nach einem anderen Mitglied der Poldergesellschaft, dem Notar Kikkert, benannte man die Kikkertstraat, die heute die „Flaniermeile" des Orts ist. Aber auch die anderen Neulinge, die sich in dem neuen Poldergebiet niederließen, setzten ihre Zeichen: Sie gaben den Gehöften die Namen ihrer Heimatstädte. Und so kommt es, dass es rund um De Cocksdorp Bauernhöfe mit seltsamen Namen wie „Gent", „Zeeland" oder „Neu-Breda" gibt.

Durch das Einpoldern kam nicht nur eine Menge Land hinzu, sondern auch viele neue Einwohner. Zählte De Cocksdorp im Jahr 1836 noch 323 Bewohner, waren es im Jahr 2023 ca. 1200. Hinzu kommen viele Touristen, denn De Cocksdorp

030tx-ug

ist nach De Koog 8 die zweitgrößte **Touristenhochburg** von Texel. Das ist vor allem den zwei großen **Ferienparks** De Krim und Landal Sluftervallei (s. S. 53) zu verdanken, die in weitläufigen Dünenlandschaften Ferienhäuser, Chalets und Mobilheime vermieten.

Zum Einkaufen und Ausgehen trifft man sich in der **Kikkertstraat**, in der hübsche kleine Häuser und einige Restaurants stehen. Umgeben ist De Cocksdorp von den Naturschutzgebieten De Slufter 34 und den Dünen von Eierland 35.

11 Waddenkerk ★ [E2]

Der Polder von Eierland wurde im Jahr 1835 trockengelegt, und sofort begann der Baumeister **Jacob van der Kloot** mit dem Bau der **Wattenkirche.** Nur vier Jahre später, am 6. Juni 1841, wurde sie feierlich eingeweiht. Die Baukosten betrugen 8000 Gulden, für die Einrichtung legten die Einwohner zusammen: Sie kauften Mobiliar und zwei silberne Trinkgefäße. Die **Kanzel** erwarben die Cocksdorper für 200 Gulden von einer englischen Kirche in Den Haag, die 1822 geschlossen wurde. Die Kirche war jetzt komplett – bis zum **Zweiten Weltkrieg.** Die Luftangriffe überstand die Kirche schadlos, allerdings fügte ihr der Aufstand der Georgier (s. S. 48) einigen Schaden zu. Es gab überall Einschüsse im Dach und in den Mauern und die **Orgel** hatte einiges zu erleiden. Heute ist die aus dem Jahr 1736 stammende Orgel renoviert und verzaubert durch einen besonders schönen Klang.

› Kikkertstraat 85, De Cocksdorp, geöffnet: Juli, Aug. Di.–Do. 13.30–15.30 Uhr

Mit etwas Glück hat man den Strand auch mal für sich allein

133tx-ug

031tx-ug

⓬ Vuurtoren Texel (Leuchtturm) ★★★ [D1]

Der Leuchtturm bei De Cocksdorp im Norden der Insel ist das Wahrzeichen von Texel. Mit seiner knallroten Farbe und der weißen Haube entspricht er zum einen dem „Schönheitsideal" eines Leuchtturms, zum anderen ist seine Lage am breitesten Strand von Texel und in der Nähe des hölzernen Bootsanlegers der Vlielandfähre einzigartig. Damit ist der Leuchtturm auch eines der beliebtesten Fotomotive der Insel.

Doch der Leuchtturm ist nicht nur schön anzusehen. Er erfüllte – zumindest früher – einen außerordentlich wichtigen Zweck. Das Seegatt zwischen Texel und Vlieland ist wegen Strömungen und Untiefen ein extrem gefährliches Gewässer. Vor allem nachts und bei stürmischer See sanken hier im Laufe der Jahrhunderte immer wieder Schiffe und Tausende von Menschen ertranken.

Den Texeler Notar und Abgeordneten **Johannes Ludovicus Kikkert** ließen diese Schiffbrüche nicht kalt und er begann, die untergegangenen Schiffe zu zählen. Zwischen 1848 und 1860 verzeichnete er 72 Schiffshavarien. Immer wieder schrieb er Briefe an die Regierung mit der Bitte, einen Leuchtturm an dieser gefährlichen Meeresenge errichten zu lassen. 1863 wurde sein Engagement belohnt und mit dem Bau eines Leuchtturms

⌃ Die Waddenkerk ⓫ in De Cocksdorp

‹ Zu Füßen des Leuchtturms erstreckt sich ein breiter Sandstrand

begonnen, der ein Jahr später fertig war. Herr Kikkert persönlich durfte das Leuchtfeuer entzünden.

Heute, mehr als 150 Jahre später, steht der Leuchtturm noch immer an dieser Stelle. Doch das strahlend rote Bauwerk ist nur ein „Mantel". Es lohnt sich, den Leuchtturm einmal zu erklimmen, um seiner Geschichte auf den Grund zu gehen. Im vierten Stock bekommt man die Möglichkeit, einen Blick hinter die rote Ummantelung zu werfen. Dort versteckt sich der lädierte Original-Leuchtturm aus Backstein mit **Einschusslöchern**, die noch aus dem Zweiten Weltkrieg stammen.

Von der Aussichtsplattform in 45 Metern Höhe genießt man einen traumhaften Blick über Texel und hinüber zur Nachbarinsel Vlieland, der die riesige Sandplatte Vliehors vorgelagert ist, die als Militärübungsgebiet genutzt wird. Bei guter Sicht kann man sogar die Insel Terschelling mit dem Leuchtturm Brandaris erkennen. Leicht ist es allerdings nicht, die 153 Stufen zu besteigen, denn sie sind recht schmal und bei „Gegenverkehr" muss man warten.

Ein Leuchtturmwärter braucht diese Mühe nicht mehr auf sich zu nehmen, denn seit 2003 ist das Bauwerk nicht mehr bemannt. Die Arbeit haben inzwischen Radar und GPS übernommen, und nur noch in Notfällen nutzt ein Mitarbeiter des KNRM, der niederländischen Seenotrettungsgesellschaft, den Leuchtturm, um aus luftiger Höhe die Rettungsaktionen auf See zu begleiten. Nachts weist das von einer Fresnellinse gebündelte Licht des Leuchtturms den Schiffen vor Texel aber noch immer den Weg.

Bitte beachten: Da die Besucherzahl begrenzt ist, sollte man sich zur Hauptreisezeit ein Ticket mit Zeitfenster über die Website sichern.

Die Insel Eierland

Das heutige Eierland besteht eigentlich aus zwei Bereichen: den Dünen und der Polderlandschaft. Die Dünen bildeten bis zum 17. Jahrhundert noch eine eigene Insel, die zwischen Texel und Vlieland lag. Diese kleine Insel war nur von einem einzigen Menschen bewohnt, dem Strandhüter. Er war für die Meldung und Aufnahme von Schiffbrüchigen zuständig. Vermutlich war er auch damit beschäftigt, die vielen Möweneier aufzusammeln, die er an Amsterdamer Bäckereien verkaufte. Diese Möweneier gaben der Insel ihren Namen: Eierland.

Im 17. Jahrhundert wurde Eierland über einen Sanddeich mit Texel verbunden. 1835 kam ein gewisser Herr De Cock aus Antwerpen und legte das Deichvorland Het Buitenveld trocken. Neues Land entstand und ein paar Jahre später wurde hier das Dorf De Cocksdorp (10) errichtet, das für die alteingesessenen Insulaner noch immer am Ende der Welt zu liegen scheint.

› Vuurtorenweg 184, De Cocksdorp, www.vuurtorentexel.nl, März–Okt. tägl. 10–17 Uhr, Nov.–Febr. Mi., Sa., So. 10–17 Uhr, Eintritt: 5,75 €

(13) Luchtvaart- & Oorlogsmuseum Texel (Luftfahrts- und Kriegsmuseum) ★★ [D4]

Das Luftfahrts- und Kriegsmuseum, untergebracht in mehreren unscheinbaren Hallen neben dem Flugplatz, beleuchtet gleich mehrere Aspekte der Geschichte Texels. Zum einen informiert es über die Historie des Flughafens, zum anderen erfährt der Be-

Aufstand der Georgier

Während des Zweiten Weltkriegs besetzten die Deutschen die Niederlande und errichteten an der Küste den sogenannten Atlantikwall. In diese Verteidigungslinie aus Bunkern, Sperren und Minenfeldern wurde auch der Leuchtturm von Texel mit einbezogen. Er diente als Beobachtungsposten und war von mehreren Betonbunkern umgeben. Am Ende des Zweiten Weltkriegs, als der Rest der Niederlande schon befreit war, lieferte man sich auf Texel während des „Georgieraufstands" noch einen erbitterten Kampf. Die Georgier waren auf Texel, weil sie von den Deutschen vor die Wahl gestellt worden waren, sich entweder in Kriegsgefangenschaft zu begeben oder ins deutsche Heer einzutreten. Während des Aufstands rebellierten die georgischen Kriegsgefangenen nun gegen die deutschen Besatzer, nahmen den Leuchtturm ein und verschanzten sich dort. Am 21. April 1945 griffen die Deutschen dieses letzte Bollwerk der Georgier mit Panzern und Flammenwerfern an, dabei wurden alle 110 Georgier getötet. Wer mehr über den Aufstand der Georgier erfahren möchte, der sollte das Luftfahrts- und Kriegsmuseum 13 am Flugplatz von Texel oder den Georgier-Friedhof an der Südseite des Hoge Berg 40 zwischen Oudeschild und Den Burg besuchen.

sucher eine Menge über das Kriegsgeschehen auf der Insel. Ein großer Bereich ist auch dem Georgieraufstand (s.S. 48) gewidmet.

Der **Flughafen** wurde im Jahr 1937 eröffnet und von der niederländischen Luftfahrtgesellschaft **KLM** für Ferienflüge genutzt. Ein Flug vom niederländischen Flugplatz Schiphol nahe Amsterdam nach Texel dauerte eine halbe Stunde, während man mit Zug, Bus und Fähre gut einen halben Tag unterwegs war. Doch schon ein paar Jahre später war es mit den Urlaubsfreuden vorbei, denn der Flugplatz wurde erst von den Deutschen bombardiert und im Anschluss eingenommen.

Doch dies war nicht der einzige Landeplatz auf Texel. In der **Mokbaai** gab es einen 1917 gegründeten Stützpunkt für Wasserflugzeuge. Hier wurden Piloten ausgebildet, die in Niederländisch-Ostindien zum Einsatz kamen, wo es so gut wie keine Festland-Flugplätze gab. Auch dieser Marinestützpunkt wurde während des Zweiten Weltkriegs von den Deutschen angegriffen. Beide Flugplätze wurden ebenso wie einige Flugzeuge als Modelle nachgebaut und sind heute im Museum zu sehen. Auch einige **Wrackteile** von Flugzeugen, die während des Zweiten Weltkriegs rund um die Insel ins Meer stürzten, werden gezeigt. Texel lag auf der Route der Engländer nach Deutschland. Teilweise überquerten bis zu 1000 Flugzeuge in einer einzigen Nacht die Insel und wurden von der deutschen Flugabwehr ins Visier genommen.

Liebhaber von Flugzeugen und Motoren kommen im Luftfahrts- und Kriegsmuseum (13) auf ihre Kosten

KURZ & KNAPP

Amsterdammertjes

Während des Zweiten Weltkriegs wurden viele Kinder aus den größeren Städten auf dem Festland – wie Amsterdam und Rotterdam – nach Texel „verschifft“, weil es dort noch ausreichend zu essen gab. Die Texelaner nahmen die ausgehungerten Kinder, die schnell den Spitznamen „Amsterdammertjes“ bekamen, in ihre Familien auf. Viele von ihnen kamen auch nach ihrer Rückkehr in die Stadt immer wieder nach Texel zurück.

Und was gibt es sonst noch zu sehen? Zum Beispiel diverse Flugzeugmotoren, eine Nachbildung des **Gleitfliegers von Otto Lilienthal** und das erste Flugzeug, in dem Anthony Fokker flog, die „Spin“ (Spinne). Für **Kinder** gibt es ebenfalls einiges: Sie können in Spielflugzeugen herumklettern, in einem Flugsimulator „fliegen“ und mit einem Computerprogramm ein Modellflugzeug starten lassen. Mittwoch bis Samstag um 11 und 15 Uhr sowie am Sonntag um 15 Uhr besteht die Möglichkeit, an einer **3-D-Audioführung** (auch auf Deutsch) durch den **Bunker De Vlijt** gegenüber dem Museum teilzunehmen (nur in Verbindung mit dem Museumsbesuch möglich).

› Am Flugplatz, Postweg 126, De Cocksdorp, Tel. 0222 311689, www.lomt.nl, April–Okt. tägl. 10–17 Uhr, Eintritt: Erw. 7,50 €, Kinder (6–12 Jahre) 4,50 €

(14) Moai-Standbild und Eiland Galerij ★ [D4]

Da fährt man nichtsahnend den Postweg Richtung Norden und plötzlich erscheint auf der rechten Seite ein **Moai-Standbild.** Was macht eine große steinerne Figur von den **Osterinseln** auf der niederländischen Insel Texel?

Die Geschichte geht wie folgt: Die Osterinseln wurden 1722 von Jakob Roggeveen entdeckt. Roggeveen stammte eigentlich aus Zeeland, stach aber von Texel aus in See, von wo er auf Suche nach dem „Onbekende Suydtland" (unbekannten Südland) ging, das er westlich von Südamerika vermutete. Am Ostersonntag 1722 entdeckte er zwar nicht das Südland, dafür aber die polynesische Insel Rapa Nui und gab ihr den Namen *Paaseiland* (Osterinsel, Ostern = Pasen).

250 Jahre später reiste der Eigentümer der **Insel-Galerie**, Niek Welboren, zur Osterinsel, um dort ein paar Monate zu arbeiten. Es entstand der Plan, ein Moai-Standbild auf Texel zu errichten, um an die Beziehungen zwischen den beiden Inseln zu erinnern. Gesagt, getan. Heute steht das Moai-Standbild vor der Galerie, die in einer ehemaligen Schule untergebracht ist, und ist angeblich die einzige Skulptur ihrer Art außerhalb der Osterinseln. Auch ein Blick in die Galerie lohnt sich. Hier kann man die Arbeiten der Künstler Niek Welboren (Malerei) und Kerstin Edelmann (Keramik) sowie ein historisches Klassenzimmer betrachten.

› **Eiland Galerij,** Postweg 72, Zuid-Eierland, De Cocksdorp, Tel. 0222 311214, www.eilandgalerij.nl, geöffnet: Frühjahr–Herbst Mi.–So. 10.30–17 Uhr, in den Wintermonaten nur am Wochenende.

Strände

Rund um De Cocksdorp liegen breite, endlos lange und teilweise recht einsame Sandstrände. Am westlichen Nordseestrand, am Ende des Krimwegs, kommt man zu **Paal 28**, wo ein gleichnamiges Restaurant (s. S. 54) das Strandleben bereichert. Direkt am Strandrestaurant gibt es einen großen Parkplatz, zum Strand sind es dann nur noch wenige Meter.

Sonnenbaden am **Fuße des Leuchtturms** ⑫, an einem der breitesten Strände der Insel, das mögen viele Texel-Besucher. Weil der Strand sehr breit ist, tritt man sich auch in der Hochsaison nicht auf die Füße.

122tx-ug

Wer Hunger und Durst bekommt, dem stehen in De Cocksdorp gleich **zwei Strandrestaurants** zur Auswahl: Das Torenrestaurant (s. S. 108) liegt mehr oder weniger zu Füßen des Leuchtturms, das Strandrestaurant Kaap Noord (s. S. 53) befindet sich bei Paal 33 am Strand gegenüber der Insel Vlieland.

Der **Strand bei Paal 33** liegt an der Nordostseite der Insel, dort, wo das Boot nach Vlieland übersetzt. Der weit ins Meer hineinragende Bootsanleger aus langen Holzpfählen liefert eine außergewöhnliche Kulisse, vor allem dann, wenn dunkle Wolken über den Himmel ziehen und sich das Meer in türkisblauer Farbe zeigt. Wer Lust hat, kann sich hier einen Katamaran mieten und über die Wellen kreuzen. Gut zu wissen: Bei Paal 33 dürfen auch Hunde an den Strand.

Reisetipps

› **Fahrradverleih Van der Linde** <067> Kikkertstraat 3, De Cocksdorp, Tel. 0222 316432, www.vanderlindefietsen.nl, geöffnet: Mo.–Sa. 8.30–18 Uhr, So. 10–18 Uhr. Über die Website (in deutscher Sprache) können Fahrräder auch online reserviert werden, sodass bei Ankunft schon alles bereit steht. Die Auswahl ist riesig und reicht vom einfachen Rad ohne Gangschaltung bis zum Mountainbike. Auch für Kinder und Hunde gibt es die entsprechenden Transportmittel.

Mein Tipp

De Schicht

Am Deich südlich von De Cocksdorp steht eine gezackte, hoch aufragende **Metallkonstruktion** auf einem Basaltsteinsockel. Auf den ersten Blick ist nicht zu erkennen, was uns das **Kunstwerk** sagen will. Doch die Metalltafel vor dem Monument „De Schicht" („Der Blitz") gibt Auskunft: Die Konstruktion des Texeler Künstlers **Harry Tielemans** (1929–2001) zeichnet die Umrisse der neu befestigten Küstendeiche am Wattenmeer nach – nur eben nicht in horizontaler, sondern in vertikaler Form. Die Erhöhung der Deiche wurde nach der Sturmflut im Jahr 1953 beschlossen, bei der die Deiche brachen und der Polder Eintracht im Nordosten der Insel überflutet wurde. Bei der Katastrophe kamen sechs Texelaner in den Fluten ums Leben, als sie mit einem Bus von ihrem Rettungseinsatz am Deich zurück ins Dorf fahren wollten.

› **De Schicht** <070> Lancasterdijk bei De Cocksdorp

Ausflüge

In der Nähe des Leuchtturms (Paal 33) liegt ein langgestreckter, hölzerner und etwas provisorisch aussehender Bootsanleger. Hier legt das **Boot De Vriendschap** („Die Freundschaft") an, das einen in den Sommermonaten von Texel – an den Robbensandbänken vorbei – **nach Vlieland** bringt. Nach ein paar Stunden geht es mit demselben Boot zurück nach Texel. Zudem werden auch reine *zeehondentochten,* also Touren zu den Seehundbänken, angeboten.

› **De Vriendschap** <068> Paal 33, De Cocksdorp, Infos und Kartenvorverkauf: Tel. 0222 316451, www.waddenveer.nl, Fahrten: abhängig von den Gezeiten (aktueller Plan siehe Website), Kosten für die Vlielandtour: Erw. 37,50 €, Kinder (3–10 Jahre) 30 €

Unterkünfte

› **B&B Smederij Texel** €€€ <069> Kikkertstraat 47, De Cocksdorp, Tel. 0222 316530, www.smederijtexel.nl. Sie hei-

Über die Planken und weiter nach Vlieland …

ßen Traum, Luft, Sehnsucht, Feuer, Salz und sind alle anders eingerichtet: die fünf Gästezimmer der ehemaligen Schmiede *(smederij)*. Es gibt in jedem Zimmer einen kleinen Kühlschrank, Kaffeemaschine, Wasserkocher, Fernseher und einen kuscheligen Bademantel. In zwei Gästezimmern sind auch Hunde willkommen.

Mein Tipp

Woolness

Schafwolle wird auf Texel schon seit Ewigkeiten zum Aufwärmen nach einem langen Arbeitstag verwendet. Doch sie kann noch mehr. Sie enthält **Lanolin,** das die Haut weich macht und kleine Schürfwunden heilt. Im Spa des Boutique Hotel Texel (siehe rechts) kann man – neben anderen Behandlungen – in Wolle „baden". Eingewickelt in ein Kilo gewaschener und weicher **Schafwolle** träumt man sich für eine Stunde aus dem Alltag, um danach mit samtweicher Haut und tiefenentspannt wieder zu erwachen. Auch Interessierte, die nicht zu den Hotelgästen gehören, können ein „wolbad" genießen – auf Wunsch in Kombination mit einem Saunagang.

› 70 € pro Person, Anmeldung unter Tel. 0222 311237 oder www.hoteltexel.nl

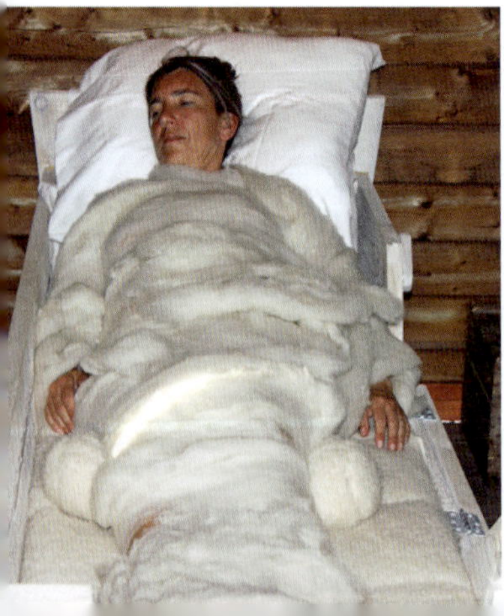

034tx-ug

› **Boutique Hotel Texel** €€ <071> Postweg 134, De Cocksdorp, Tel. 0222 311237, www.hoteltexel.nl. Familie Langeveld führt neben einem Landwirtschaftsbetrieb mit 200 Hektar Ackerland auch einen Mini-Campingplatz mit 15 Stellplätzen und ein Wellnesshotel mit eigenem Hallenbad und verschiedenen Saunen, angeboten werden auch Massagen und „Woolness". Den Gästen stehen 42 renovierte Zimmer zur Verfügung. Zum Hotel gehört auch das Restaurant Gusta, in dem Texeler Gerichte angeboten werden.

› **De Robbenjager** €€ <072> Vuurtorenweg 146, De Cocksdorp, Tel. 0222 441052, www.duinparkderobbenjager.nl/de. Nur 200 Meter vom Strand entfernt liegt dieser Dünenpark und Campingplatz mit einer Fläche von drei Hektar. Mit Waschräumen und Restaurant. In den letzten Jahren kamen Luxus-Chalets für 4 bzw. 5 Personen hinzu, in denen auch Haustiere willkommen sind.

› **Ferienpark De Krim** €€ <073> Roggeslootweg 6, De Cocksdorp, Tel. 0222 390112, www.krim-texel.de/ferienpark-de-krim. De Krim ist ein weitläufiger Ferienpark, der auf seinem Gelände alle möglichen Unterkunftsarten anbietet: Familienvillen, Hotel-Chalets, Bungalows, Luxus-Chalets und einen Fünfsterne-Campingplatz sowie ein eigenes Hotel. Allen Unterkünften ist gemeinsam, dass die Gäste das große Freizeitangebot nutzen können, zum Beispiel Hallen- und Freibad, Indoor- und Outdoor-Spielgelände, Schwarzlicht-Minigolf, Reitmöglichkeiten und Kletterpark. Sollte das Wetter mal nicht mitspielen, kommt in diesem Ferienpark keine Langeweile auf. Ideal vor allem für Familien mit Kindern.

Woolness: gebettet in wärmende Schafwolle

› **Ferienpark Landal Sluftervallei** €€€ <074> Krimweg 102, 1795 LS De Cocksdorp, Tel. 0222 316214, www.landal.de. Landal Sluftervallei liegt fantastisch am Nationalpark Dünen von Texel. Der weitläufige Ferienpark umfasst 316 Bungalows, 60 Campingstellplätze und 16 Mobilheime. Die Luxusvillen haben Reetdächer, große Fensterflächen, einen Gaskamin, Wasch- und Spülmaschine und teilweise sogar Sauna, Solarium und Whirlpool-Badewanne. Auf dem weitläufigen Gelände gibt es Supermarkt, Restaurant, Snackbar, Hallenbad, Sauna, Solarium, Weiher und Fahrradverleih. Kindern stehen Spielplatz, Kinderclub mit Kinderprogramm, Minigolfplatz, Wasserspielplatz u. v. m. zur Verfügung.

› **Hotel Molenbos** €€€ <075> Postweg 224–226, De Cocksdorp, Tel. 0222 390112, www.krim-texel.de/hotel-molenbos. Dreisternehotel mit 27 Zimmern, die mit Fernseher, Radio, Wasserkocher und Kaffeemaschine ausgestattet sind und über Balkon oder Terrasse verfügen. Zum Hotel gehört auch ein Restaurant. Familien stehen Zimmer für vier Personen zur Verfügung.

Essen und Trinken

› **Casa di Gio's** €€ <076> Kikkerstraat 30, De Cocksdorp, www.casadigios.nl, geöffnet: tägl. ab 17 Uhr. Dem gleichen Eigentümer wie De Rog (s.unten) gehört das benachbarte italienische Restaurant, wo man sich Antipasti, Pizza und Pasta schmecken lassen kann.

› **De Rog** €€ <077> Kikkertstraat 28, De Cocksdorp, Tel. 0222 316649, www.derog.nl, geöffnet: tägl. ab 17 Uhr. In der dunklen, urigen Kneipe und draußen auf der sonnigen Terrasse gibt es Lamm, Fisch und Burger.

› **Meneer De Cock** €€ <078> Kikkertstraat 19, De Cocksdorp, www.meneerdecock.nl. Die Idee hinter dieser Mischung aus Café, Restaurant, Großküche und Geschäft: Produkte, die im benachbarten Supermarkt nicht benötigt werden, werden hier zu schmackhaften Gerichten verarbeitet, die wiederum im Supermarkt verkauft werden. Im Café kann man sich Kaffee und Kuchen sowie ein Mittagsgericht schmecken lassen und Inselprodukte kaufen. Gut zu wissen: Im Café gibt es einen kleinen Info-Punkt des VVV (s. S. 54).

› **Restaurant RJ** €€€ <079> Vuurtorenweg 146, De Cocksdorp, Tel. 0222 329252, www.restaurantrj.nl, geöffnet: Mi.–So. 11–22 Uhr. Ursprünglich die Kantine des benachbarten Campingplatzes, heute ein beliebtes, eher höherpreisiges Restaurant mit Weinbar, in dem nicht nur die Gäste des Campingplatzes einkehren.

Strandrestaurants

› **Faro Beach** €€ <080> Vuurtorenweg 193, De Cocksdorp, www.farobeach.nl, geöffnet: tägl. ab 11.30 Uhr. Strandpavillon zu Füßen des Leuchtturms. Paella mit Blick auf den ewig langen und breiten Strand.

› **Kaap Noord** €€ <081> Volhardig 4, De Cocksdorp, Tel. 0222 316340, www.strandpaviljoenkaapnoord.nl,

035tx-ug

Südliches Flair im nördlichsten Strandrestaurant: Kaap Noord

geöffnet: Mi.–So. ab 11 Uhr, im Sommer tägl. ab 11 Uhr. Schönes Strandrestaurant mit fröhlich-bunter Deko, in dem echtes Beachfeeling herrscht. Die Bedienung ist nett, das Essen prima und der Blick auf Strand und Bootsanleger der Fähre nach Vlieland einfach unschlagbar.

› **Paal 28** €€ <082> Krimweg 660, De Cocksdorp, Tel. 0222 316537, www.paal28.nl, geöffnet: Mi.–So. 11–21 Uhr. Am Strand von De Krim, am Ende des Krimwegs befindet sich Strandpaviljoen Paal 28. Was im Jahr 1959 mit einem kleinen Kiosk begann, ist heute ein authentisches Strandrestaurant, in dem u. a. Spareribs, Lammkotelett, Scholle und Seezungen serviert werden. Zu Mittag essen die meisten Holländer *broodjes* oder Salat, die Paal 28 natürlich auch im Angebot hat.

Einkaufen

› **De Verrekijker,** Vogelinformatiecentrum Texel (s. S. 81), Mo.–Sa. 10–18 Uhr. Zum Vogelinformationszentrum gehört ein eigener Laden namens De Verrekijker („Das Fernglas"), in dem sich Vogelfreunde mit Ferngläsern, Vogelbestimmungsbüchern, Tarnkleidung und -zelten eindecken können. Ein Laie kommt hier schnell ins Staunen: Ein ganz normal aussehendes Fernglas kann schon mal mit 2000 € zu Buche schlagen. Gut, es ist von Swarowski und hält wohl auch die abenteuerlichsten Pirschtouren aus, doch es gibt bei De Verrekijker auch hervorragende und viel preisgünstigere Einsteigermodelle.

› **Durper Markt in der Kikkertstraat:** in den Sommermonaten donnerstags 11–16 Uhr mit regionalen Produkten, Trödel, Essensständen und Karussell sowie Trampolinen für die Kinder.

› **Plus (1)** <083> Molenlaan 14, De Cocksdorp, geöffnet: Mo.–Do. 8.30–18.30, Fr., Sa. 8–20, So. 12–18 Uhr

Reisetipps

› Ein **Infopunkt (Informatiepunt) des VVV Texels** befindet sich im Café Meneer De Cock (s. S. 53). Hier gibt es Broschüren und Hinweise zu Ausflügen, Routen und Sehenswürdigkeiten.

⑮ Oosterend ★★★ [E5]

Der Name des rund 1300 Einwohner zählenden Dorfes bedeutet ursprünglich „ooster einde" und in der Tat lag Oosterend früher am östlichen Ende, zu einer Zeit, als das heutige Texel noch aus zwei Inseln bestand. Die Inseln Texel und Eierland wurden erst in den Jahren 1629 bis 1639 durch einen Damm aus Sand miteinander verbunden.

Oosterend war früher ein **Fischer- und Schifferdorf,** in dem die Fischer, Seemänner und Walfänger wohnten, deren Flotten im Hafen von Oudeschild ⑳ lagen. Viele der Einwohner von Oosterend hatten aber auch ihre eigenen Boote und so wurden 1890 sage und schreibe 69 Schiffseigentümer im Ort registriert. Sie waren stolze Besitzer von Blazern, kleinen Holzschiffen. Von 1843 bis 1859 hatte Oosterend sogar einen eigenen Hafen, von dem aus die damals sehr beliebten Austern abtransportiert wurden. Der Hafen befand sich an der Stelle, wo heute eine eiserne Bake am Deich steht.

Die lange Geschichte von Oosterend ist noch überall spür- und sichtbar: Inmitten des Dorfes, umringt

Mein Tipp

Leitjesroute

Die Leitjesroute ist ein **beschilderter Rundgang** durch das alte Oosterend. Die Routenbeschreibung liegt in einigen Geschäften aus.

036tx-ug

In den Inseldörfern stehen noch viele alte Fischer- und Bauernhäuser

von einem kleinen Friedhof, steht die „große Kirche“, die **Maartenskerk** 16 aus dem frühen 13. Jahrhundert. Auch hier deutet das von der Kirchendecke baumelnde Holzschiff auf die Vergangenheit Oosterends als Dorf der Fischer und Seeleute hin.

Wenn die Sonne scheint, dann lädt das **Het Cafeetje** (s. S. 58) mit seinen wenigen Plätzen im Freien zu einer Kaffeepause ein – mit einem bezaubernden Blick auf das alte Gotteshaus. Weiter geht es durch schmale Straßen, die sich so gar nicht für den Straßenverkehr eignen, mit ihren kleinen Häusern, deren Holzfassaden in grüner Farbe leuchten und in weißen Giebeln enden. Fast alle der Häuser wurden liebevoll restauriert und stehen unter Denkmalschutz.

16 Maartenskerk ★★ [E5]

Die hübsche Maartenskerk in der Mitte des Dorfes ist das älteste Gotteshaus von Texel und eine der ältesten Kirchen der Niederlande. Erbaut wurde sie 1206 an dem Standort einer Vorgängerkirche aus dem 11. Jahrhundert.

Gewidmet wurde die aus Tuffstein errichtete Maartenskerk dem **heiligen Martin.** Eine ihn darstellende Holzfigur wurde während des Bildersturms im Jahre 1571 aus der Kirche geraubt und auf dem Kirchplatz verbrannt. Die Legende erzählt, dass in der darauffolgenden Nacht ein unbekannter Reiter auf einem Schimmel mehrmals um die Kirche ritt. War es der heilige Martin? Seit 1800 ist die Maartenskerk im Besitz der reformierten Gemeinde von Oosterend.

Um das Jahr 1700 wurde die Kirche um zwei Seitenschiffe erweitert, auch der Kirchturm wurde mit einem neuen Dach versehen. Während der letzten Restauration zwischen 1967 und 1971 fand man im Fundament einen alten **Sarkophag.** Das Besondere an ihm ist die Herkunft seines Materials: Der Kalkstein stammt aus dem französischen Maasbecken und wurde als

„Pierre de Savonnières“ identifiziert. Neueste Untersuchungen ergaben, dass der Steinsarg aus dem siebten oder achten Jahrhundert stammt. Bisher fand man nur zwei solcher Sarkophage in den Niederlanden.

Weiterhin befinden sich in der Maartenskerk ein kupferner **Kronleuchter**, der seit dem Jahr 1683 an dieser Stelle hängt, ein Lesepult aus dem Jahr 1686 und das historisch aussehende Taufbecken von 1971, für das sich der Künstler vom „wunderbaren Fischfang“ inspirieren ließ.

An der hölzernen Wand befinden sich „Kritzeleien“ aus dem 17. Jahrhundert, die an Runen erinnern. Es sind die sogenannten **„Hauszeichen“** bzw. die Familienwappen der Texeler Familien aus dem 17. Jahrhundert, die sich auch auf vielen Grabsteinen befinden. Warum wurden sie hier ins Holz geritzt? Es wird erzählt, dass sich Texelaner, die hier aus irgendeinem Grunde warten mussten, so langweilten, dass sie – wie Schulkinder – begannen, ihre Familienzeichen ins Holz zu schnitzen. Wahrscheinlicher ist jedoch, dass diese Inschriften die Grundbesitzverhältnisse der Oosterender Familien festhalten sollten.

Wie in vielen meernahen Kirchen der Niederlande baumelt auch in der Maartenskerk ein großes **Schiffsmodell** von der Decke, ein sog. Blazer, ein friesisches Plattbodenboot. Mit diesem Bootstyp fuhren die Texeler Fischer zwischen 1850 und 1950 hinaus auf die Nordsee, ins Wattenmeer und in die Zuiderzee, das heutige IJsselmeer. Das Schiff erinnert an die vielen Seeleute und Walfischfänger, die in Oosterend ihre Heimat hatten und auf See ums Leben gekommen sind. Einige von ihnen sind in der Kirche begraben. Im Jahr 1846 wurde jedoch der Brauch, Gemeindemitglieder in der Kirche zu bestatten, aufgegeben.

› Kerkstraat 2, Oosterend, geöffnet: Mai–Okt. Mi.–Fr. 13.30–16 Uhr

KURZ & KNAPP

Reiche Stinker

Wer es sich leisten konnte, ließ sich früher im Kircheninneren der Maartenskerk 16 unter dem steinernen Fußboden begraben. Den ärmeren Gemeindemitgliedern war nur ein Grab im Freien vorbehalten. Weil ein verwesender Leichnam unangenehme Gerüche mit sich brachte, sprach man von den „reichen Stinkern“.

Eiserne Seebake

Im Jahr 1854 entwarf Q. Harder diese Seebake am Wattendeich, die kein Feuer enthielt und deshalb nur tagsüber der Schifffahrt als Orientierungspunkt diente.

› **Eiserne Seebake** <084> Lancasterdijk, Oosterend

17 Windmühle Het Noorden ★★ [F4]

Die im Jahr 1878 errichtete Windmühle, etwas außerhalb von Oosterend Richtung Wattenmeer gelegen, trägt den Namen Het Noorden und hatte die Aufgabe, das Wasser aus dem Polder zu pumpen. Sie gehört zu den **größten Mühlen Nordhollands** – und sicherlich auch zu den schönsten. Vom Typ her ist sie ein achteckiger „Grundsegler“. Der Name rührt daher, dass ihre Flügel fast bis zum Grund reichen. Ab und zu wird die Mühle noch heute in Betrieb genommen, Interessierte dürfen dann auch gern einmal vorbeischauen.

› Stuifweg 4, Oosterend, Tel. 0222 313256

MEIN TIPP

Stilvoll übernachten am Vogelschutzgebiet

Hotel und Bungalowpark in einem – Prins Hendrik bietet schöne Hotelzimmer, ganz neue Suiten und 42 freistehende Häuser in einem landschaftlich schönen Gebiet. Die Naturschutzgebiete Utopia und De Bol sind nur einen Katzensprung entfernt und somit ist Prins Hendrik auch für Vogelliebhaber ein guter Tipp. Kindern steht im Garten ein Spielplatz zur Verfügung, Radfahrern ein Fahrradverleih. Neu ist das hervorragende Restaurant Floris mit Terrasse. Hier kann man nicht nur sehr gut essen, sondern auch einen Kaffee in der Sonne genießen oder den Tag bei einem Texeler Bier ausklingen lassen.

› **Prins Hendrik** €€ <085> Stuifweg 13, Oosterend, Tel. 0222 363020, www.prins-hendrik.nl.

18 Texel Zoo ★ [E5]

Hat schon mal ein vier Kilo schwerer Steppenadler auf Ihrem Arm gesessen? Wenn nicht, dann sollten Sie das unbedingt einmal erleben.

Im Texel Zoo ist man mittendrin – zwischen tropischen und Raubvögeln, Orchideen und Schmetterlingen. Mehr als 100 Raubvögel haben hier ihr Zuhause, einige davon bekommt man während der **Raubvogelshow** zu Gesicht – und manchmal eben auch auf den Arm (für aktuelle Termine bitte auf der Website nachsehen, die auch auf Deutsch abrufbar ist).

Zum Zoo gehört auch ein **Indoor-Schmetterlingsgarten** *(Vlindertuin)*, in dem auf einer Fläche von 400 Quadratmetern rund 500 verschiedene Schmetterlinge und 500 Vögel leben, einige davon stammen aus fernen Gebieten wie Costa Rica und den Philippinen. Damit es den Schmetterlingen auf Texel nicht kalt wird, leben sie in einer rund 20 Grad warmen Umgebung. Noch wärmer ist es in der „Puppenkiste", in der sich Raupen aus aller Welt zu Schmetterlingen entwickeln. Auch diesen Prozess können die Besucher beobachten. Ebenfalls sehenswert sind der tropische Vogelgarten mit tropischen Pflanzen und Reptilien sowie die Krallenäffchen und Präriehunde.

› Schorrenweg 20, Oosterend, Tel. 0222 318364, www.texelzoo.nl, geöffnet: März–Okt. tägl. 9.30–17, Nov.–Febr. Di.–Do., Sa., So. 10–16 Uhr, Eintritt: Erw. 9,50 €, Kinder 7 €

Reisetipps

Jeden Donnerstag im Juli und August findet von 10.30 bis 16.30 Uhr der **Durpermarkt** in der Kikkertstraat statt, auf dem lokale Produkte verkauft werden. Im Frühling und Herbst gibt es an den Samstagen einen kleineren Markt.

037tx-ug

Auge in Auge mit den Raubvögeln im Texel Zoo

134tx-ug

Unterkunft

› **Op Oost** €€€ <086> Oost 76, Oosterend, www.opoost.nl. Etwas tiefer in den Geldbeutel greifen muss derjenige, der im Op Oost übernachten und speisen möchte. Dafür bekommt man eine stilvolle Suite in hellen Farben (teilweise mit Badewanne im Zimmer) sowie Essen aus der „Nordic & Botanical Cuisine" aus dem Kochatelier.

Essen und Trinken

› **De Huiskamer** €€ <087> Peperstraat 5, Oosterend, Tel. 0222 318505, geöffnet: Di.–Sa. 8.30–14 Uhr. Kleines Café. Hier gibt es belegte Brötchen, *tostis*, die leckere Wurst der angrenzenden Metzgerei Maas, etc.

› **Het Cafeetje** €€ <088> Kerkstraat 7, Oosterend, Tel. 0222 318975, https://het cafeetje.nl, Mo.–Sa. 11–23 Uhr, am Wochenende auch länger. Kneipe vor der Maartenskerk mit Tischen im Freien. Es gibt Mittagsgerichte und am Abend Fisch und Texeler Lammfleisch, hausgemachte Hamburger und Saté-Spieße.

Einkaufen

› **Brouwerij Stokerij Texel** <089> Slotskolk 22 C, Oosterend, Tel. 0222 760150, www.txtexel.nl, geöffnet: Mo.–Fr. 8.30–17, Sa. 14–17 Uhr nur bei Führungen. Der Laden der TX-Brauerei verkauft die sechs selbstgebrauten Biere sowie hauseigene Spirituosen. Am Wochenende ist auch – sofern eine Führung stattfindet – der „Taproom" geöffnet, in dem Biere, Cocktails und Liköre ausgeschenkt werden.

› **Natuur Goed** <090> Koningsweg 4, Oosterend, https://natuurgoed.org, geöffnet: Mai–Mitte Okt. Do.–Sa. 14–17 Uhr. Mit einem „essbaren Naturgarten und Lebensmittelwald" haben sich Conradine de Reus und Siem van Tatenhove einen Traum erfüllt. In ihrem Garten mit Zier- und Obstbäumen, Sträuchern und Kräutern wird viel Wert auf Bienen- und Schmetterlingsfreundlichkeit sowie Biodiversität gelegt. Die Erzeugnisse werden im Hofladen verkauft. Zudem gibt es Workshops (auch auf Deutsch), z. B. zum Thema „Tee aus der Natur". Anmeldung online oder unter Tel. 06 23807794.

^ Viel Auswahl für die Texeler Vogelwelt

› Klassische Hollandidylle in Oudeschild, im Hintergrund die alte Windmühle De Traanroeier

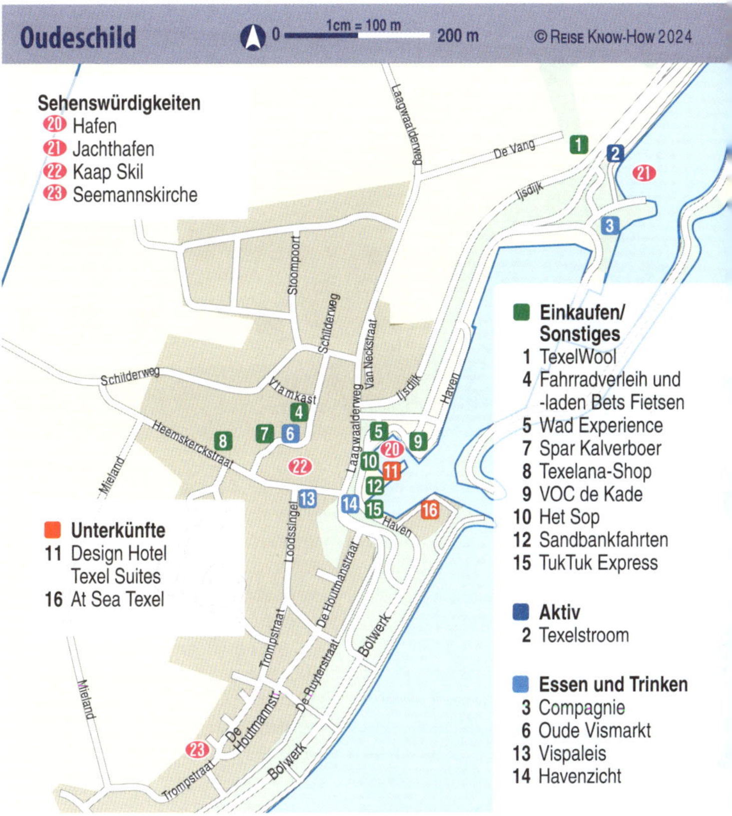

⑲ Oudeschild ★★★ [D7]

Oudeschild hat alles, was man sich von einem niederländischen Hafenort wünscht: Im Hafenbecken liegen die Fischkutter vor Anker, drum herum haben sich eine Handvoll gute Fischrestaurants niedergelassen, und über allem wacht die altehrwürdige Windmühle De Traanroeier.

Auf dem Deich grasen die Schafe, daneben reiht sich auf einem Kilometer in De Ruyterstraat ein idyllisches Lotsenhäuschen an das andere! Oudeschild mag zwar seine Bedeu-

121tx-ug

038tx-ug

tung als eine der wichtigsten Hafenstädte der Niederlande verloren haben, seinen Charme hat es sich auf jeden Fall bewahrt. Eigentlich hieß Oudeschild früher einmal 't Schilt. Doch als weiter nördlich ein Dorf namens Nieuweschild entstand, taufte man 't Schilt in Oudeschild um. Oudeschild lag am Wasserlauf **Skilsloot**, über den Fässer voller Trinkwasser von den Wezenputten, den Waisenbrunnen ㉕, nach Oudeschild gebracht wurden. Das Wasser war besonders eisenhaltig und damit lange haltbar - ideal für eine lange Reise auf See.

Seine Blütezeit erlebte der Hafenort im 17. und 18. Jahrhundert, als vor Oudeschild die Reede von Texel (s. S. 62) lag. Von hier aus stachen die Schiffe der **Vereinigten Ostindischen Compagnie (VOC)** in See, an manchen Tagen warteten Hunderte von mächtigen Segelschiffen vor Oudeschild auf günstigen Wind. Die Reede brachte dem Dorf einen gewissen Wohlstand. Viele der Männer arbeiteten als Lotsen oder Matrosen, alle anderen widmeten sich dem Fischfang. Neben Fisch fing man auch Muscheln und Austern, im 19. Jahrhundert erntete man vermehrt auch Seegras, das man trocknete und zum Füllen von Kissen und Matratzen verwendete.

Zu Beginn des 20. Jahrhunderts ließ sich der Texel-eigene Fährdienst **TESO** in Oudeschild nieder. Das Fischerdorf war somit der Ort der Insel, von dem man aufs Festland gelangte. Das Hotel At Sea Texel (s. S. 66), in dem man heute mit Hafenblick übernachten kann, war früher das Hauptgebäude der Fährgesellschaft. Zu Beginn der 1960er-Jahre wurde der Fährhafen nach 't Hoorntje verlegt, was die Überfahrt um eine halbe Stunde verkürzte.

Gleichwohl liegen im Hafen von Oudeschild nach wie vor Schiffe vor Anker. Es sind **Fischkutter**, die regelmäßig auch Touristen mit auf See nehmen. Doch der Ort hat noch einen anderen Hafen: einen Jachthafen, der Richtung Norden an den alten Hafen angrenzt. Dort befindet sich auch der Mini-Strand *Waddenstrandje*.

20 Hafen von Oudeschild ★★★ [E7]

Oudeschild ist der einzige echte Hafenort der Insel. Im Fischereihafen liegen neben **Fischkuttern** auch viele **Ausflugsboote**, die Touristen zum Garnelenfischen und zu den Seehundbänken mitnehmen (s. S. 128). Im Hafen sind die großen Schilder, die für „Garnalenvissen" und „Robbentochten" werben, nicht zu übersehen. Gesäumt wird der Hafen von **Fischrestaurants** und dem **Alten Pakhuis,** in dem sich ein Restaurant und Luxussuiten befinden.

Wer sich an einem Sonntagabend um ungefähr zehn Uhr am Hafen aufhält, der kann beobachten, wie die Fischerflotte aufs Meer hinausfährt. Am Wochenende liegen die Fischkutter nämlich im Hafen vor Anker und die Seemänner sind bei ihren Familien.

21 Jachthafen ★ [E7]

In nördlicher Richtung neben dem Fischereihafen liegt der Jachthafen *Waddenhaven Texel,* in dem Bootsurlauber 250 Liegeplätze, ein Sanitärgebäude mit Duschen und Toiletten sowie einen kleinen Laden mit Fahrradverleih vorfinden. Je länger das Boot, desto tiefer fährt man in das Hafenbecken hinein. Die kleinen Bootchen liegen also gleich am Hafeneingang. Für Kinder gibt es hier einen **Meerwasserspielplatz** und ein Piratenschiff zum Klettern. Außerdem wurde extra ein kleiner Strand, der *Waddenstrandje,* angelegt.

› **Waddenhaven Texel,** Haven 26, Oudeschild, Tel. 0222 321227, www.waddenhaventexel.nl

22 Kaap Skil ★★★ [D7]

Das preisgekrönte Museum informiert über das Leben der Strandräuber und Seeleute, über die Reede von Texel und die Wissenschaft der Unterwasserarchäologie. Zudem stehen auf dem Freiluftgelände Nachbauten alter Fischerhäuser und die Windmühle von Oudeschild, in der heute noch Mehl gemahlen wird.

Die Ausflugsboote warten im Hafen von Oudeschild auf Passagiere

Modernes Museumsgebäude und alte Fischerhäuser im Kaap Skil

039tx-ug

Die Reede von Texel

Wer heutzutage am Hafen von Oudeschild entlangspaziert, wo ein paar Fischkutter und Ausflugsboote vor Anker liegen, der kann sich kaum vorstellen, dass Texel im 17. und 18. Jahrhundert für die Schifffahrt eine überaus große Bedeutung hatte. Der Ankerplatz vor Texel, die sogenannte Reede von Texel, war Knotenpunkt der **Vereinigten Ostindischen Compagnie (VOC)**, aber auch die Schiffe der Walfänger und der Westindischen Compagnie lagen dort vor Anker. Warum ausgerechnet Texel? Der Heimathafen vieler VOC-Schiffe befand sich in der Zuiderzee, dem heutigen IJsselmeer. Auf ihrem Weg in die Nordsee mussten die Schiffe an Texel vorbei. Dort legten sie an, um auf günstigen Wind zu warten (was schon mal Wochen bzw. Monate dauern konnte). Hinzukam, dass das Wasser der Zuiderzee nicht tief genug war und so mussten die Schiffe auf Texel be- und entladen werden. Auch die Besatzung ging hier an Bord. Ein weiterer wichtiger Grund war die Zufuhr von **Frischwasser.** In den sogenannten Wezenputten (Waisenbrunnen 25) auf Texel gab es eisenhaltiges Wasser, das besonders lange haltbar war.

Die Reede von Texel war also aus mehreren Gründen ein wichtiger Anlaufpunkt. Und so ankerten teilweise mehr als hundert Schiffe vor der Insel. Die kleineren von ihnen waren am Deich festgemacht, die größeren lagen in tieferem Wasser. Dass die Reede keinen hundertprozentigen Schutz für die Schiffe bot, zeigte ein **Sturm,** der am 24. Dezember 1593 einige Schiffe aus ihren Verankerungen riss, sodass sie andere Schiffe rammten. Mehr als 40 der rund 150 auf der Reede wartenden Schiffe sanken. Etwa 1000 Menschen kamen bei der Katastrophe ums Leben. Einer der Reeder, der den Sturm zwar überlebte, aber großen finanziellen Schaden erlitt, nannte seine kurz nach dem Weihnachtssturm zur Welt gekommene Tochter „Maria Tesselschade" („Texelschaden"). Sie wurde später eine bekannte Dichterin und Kupferstecherin. Nach ihr wurde auch ein Kräuterschnaps benannt, der im Getränkehandel von Smidt-Witte (s. S. 30) in Den Burg verkauft wird.

040tx-ug

Warten auf den nächsten Einsatz: Netze im Hafen von Oudeschild 20

Auffallend am Museum Kaap Skil ist das außergewöhnliche Gebäude, durch dessen Glaskubus, der von langen Holzlatten geschützt wird, viel Licht in die Ausstellungsräume fällt. Dieses kreative Konzept wurde sogar mit Preisen ausgezeichnet.

Ebenfalls spektakulär ist der Raum, der sich der **Vereinigten Ostindischen Kompagnie** widmet. Mit modernster Technik und dreidimensionalen Modellen werden die Geschichte der VOC und ihre Bedeutung für Texel dargestellt.

Im ersten Stock des Museumsgebäudes liegen in der Abteilung der **Unterwasserarchäologie** fein säuberlich dokumentiert Funde von untergegangenen Schiffen, die man auf dem Meeresgrund vor Texel fand. Ein besonderer Fund stammt aus dem 17. Jh.: Im sog. Palmhoutwrak fand man ein außergewöhnlich gut erhaltenes, rotes Seidenkleid. Noch heute versuchen Taucher und Archäologen immer wieder, dem Meeresboden seine Geheimnisse zu entlocken, denn man vermutet dort noch Hunderte solcher Schiffswracks.

Auf dem **Freiluftgelände** hinter dem modernen Museumsgebäude stehen kleine Fischerhäuschen und eine Windmühle, dazwischen fließt ein Bach durch das Gelände. Ein Blick in die kleinen, urholländischen Häuschen ist ein Blick in vergangene Zeiten: So haben die Insulaner früher gelebt. Man sieht einen alten Laden, ein Wohnhaus und die noch funktionsfähige **Windmühle** De Traanroeier („Tränenruder"), die schon seit über 120 Jahren mitten im Dorf steht. Regelmäßig wird in der Mühle noch das Mehl für die Texeler Bäcker gemahlen. Aber auch Besucher können sich eine Packung für zu Hause mitnehmen.

135tx-ug

In einem Nebengebäude ist die **Strandräuberabteilung** untergebracht. Hier kann man sich nur wundern, was so alles am Strand gefunden wurde. Neben den „üblichen Verdächtigen" wie Bojen und Rettungsringen gibt es auch eine Sammlung mit Hunderten von angespülten Glasflaschen. Regelmäßig finden Vorführungen u. a. im Schmieden statt. Weitere Ausstellungsbereiche sind der Fischerei, dem Fährdienst TESO und der Schifffahrt rund um Texel gewidmet.

› Heemskerckstraat 9, Oudeschild, Tel. 0222 314956, www.kaapskil.nl, geöffnet: April–Okt. tägl. 10–17, Nov.–März Di.–So. 10–17 Uhr, Eintritt: Erw. 11,50 €, Kinder 4–18 Jahre 8 €

Schiffe, Kanonen, Unterwasserfunde: Museum Kaap Skil 22

23 Seemannskirche (Zeemanskerk) ★★ [D8]

Die hübsche weiße Kirche wurde 1650 errichtet und 1740 erweitert. Sie war das Gotteshaus der berühmten Seefahrer, deren Schiffe auf der Reede von Texel (s. S. 62) lagen. Viele von ihnen kamen zum Gottesdienst hierher und brummten die Kirchenlieder mit. Zum Dank schenkten sie der Kirche drei **Kronleuchter.** Der erste war ein Geschenk von Cornelis Tromp, einem niederländischen Marineoffizier, der in einer Seeschlacht vor Texel Ruhm erwarb. Der zweite, größere Kronleuchter stammte von seinem Chef, dem Kommandanten Michiel de Ruyter, der seinem Untergebenen nicht nachstehen wollte. Der dritte Kronleuchter war vermutlich ein Geschenk der Witwe von Maarten Tromp. Außerdem baumelt von der Kirchendecke – wie so oft in Seemannskirchen – ein hölzernes Schiff.

Für Besucher geöffnet ist die Seemannskirche in den Monaten Juli und August immer donnerstags zwischen 14 und 16 Uhr.

› Trompstraat 60, Oudeschild

24 Texeler Brauerei (Texelse Bierbrouwerij) ★ [D7]

Zwischen Oudeschild und Den Burg befindet sich die Texelse Bierbrouwerij, deren Bier „Skuumkoppe" inzwischen nicht nur die Insel, sondern auch das niederländische Festland erobert hat.

In Den Haager und Amsterdamer Kneipen ist **„Skuumkoppe"** inzwischen *der* Renner. Das Texeler Bier ist derart beliebt, dass seit 2020 die Brauerei Heineken beim Brauvorgang und Vertrieb unterstützt. Das dunkle Weizenbier, dessen deutsche Übersetzung „Schaumkrone" lautet, ist das Paradepferd der Texeler Brauerei. Neben „Skuumkoppe" werden in der Texelse Bierbrouwerij noch **zwölf weitere Biere** gebraut, darunter Bock, Blond und Stormbock. Wer wissen möchte, wie die Texeler Biere gebraut werden, der kann über die Website ein **Brauerei-Erlebnis** buchen – hierbei wird der Brauprozess erklärt und es gibt eine Verkostung. Ab 2025 werden auch wieder Brauereiführungen angeboten. Natürlich kann man das Bier auch in Flaschen mitnehmen. Es gibt einen eigenen Brauereiladen, einen Verkostungsraum und einen Biergarten.

› Schilderweg 12, Oudeschild, auf halbem Weg zwischen Den Burg und Oudeschild, Tel. 0222 313229, https://texels.nl/de, geöffnet: Di.–Fr. 10–17.30, Sa. 10–19 Uhr, im Winter abweichende Öffnungszeiten (siehe Website), „Brauerei-Erlebnis" 14,50 €

25 Waisenbrunnen (Wezenputten) ★ [D7]

Der Waisenbrunnen hatte während des 17. Jahrhunderts eine ganz besondere Bedeutung. Das **Wasser** aus dieser Quelle war besonders **eisenhaltig** und dadurch **lange haltbar.** Diese Tatsache nutzten die Schiffe der Vereinigten Ostindischen Kompagnie und gingen noch einmal auf der Reede von Texel (s. S. 62) vor Anker, um ausreichend Wasser an Bord zu holen, bevor sie ihre lange Reise Richtung Ostindien antraten. Das Wasser aus dem Waisenbrunnen hielt sich bis zum Kap der Guten Hoffnung, wo wieder frisches Wasser an Bord geholt werden konnte.

Der Waisenbrunnen war im Besitz des Texeler Waisenhauses, das sich aus dem Erlös des verkauften Wassers finanzierte. Vom Waisen-

brunnen wurde das **Trinkwasser** in Fässern über den Bach Skilsloot (auf dem Freigelände des Museums Kaap Skil 22 zu sehen) bis zum Hafen von Oudeschild 20 gebracht. Noch heute ist die Quelle aktiv und man kann das eisenhaltige Trinkwasser mit einer Pumpe aus dem Brunnen schöpfen.

Am Brunnen befindet sich auch das Landhaus Brakestein, das im 18. Jahrhundert den Admiralen Michiel de Ruyter und Maarten Tromp eine angemessene Unterkunft bot, wenn sie bei Texel vor Anker lagen und auf günstigen Wind warteten.

› Skillepaadje, Oudeschild

26 Fort de Schans ★ [D8]

Ganz in der Nähe von Oudeschild, an der Ostküste von Texel, liegt das sternförmige Fort de Schans. Es wurde im Jahr 1572 von **Wilhelm von Oranje** angelegt mit dem Zweck, den Zugang zur Meerenge Marsdiep (zwischen Texel und Festland) zu sichern und die Texeler Schiffsflotte vor den Spaniern zu schützen. Viel Eindruck machte das Fort allerdings nicht und so beschloss Napoleon im Jahr 1811, es zu verbreitern und um zwei weitere Forts, **Fort Redoute** und **Fort De Lunette**, zu ergänzen. So richtig zum Einsatz kamen die drei Forts nie und wurden später aufgegeben. Während man die kleineren Forts zerstörte und mit der dadurch zur Verfügung stehenden Erde die Deiche erhöhte, blieb das größere erhalten. Heute sind nur noch ein paar mit Gras bewachsene Mauerreste zu sehen. Fort de Schans gehört der Naturschutzvereinigung Natuurmonumenten und wird als Weidefläche verpachtet.

› Schansweg, Oudeschild, geöffnet: von Sonnenaufgang bis Sonnenuntergang, Eintritt: gratis

Früher ein Fort zur Verteidigung, heute Weidefläche und Ausflugsziel

Strand

Da Oudeschild am **Wattenmeer** liegt, gibt es hier keinen nennenswerten Strandabschnitt. Lediglich ein Mini-Wattenstrand wurde in der Nähe des Jachthafens ㉑ angelegt. Vor allem Kinder kommen hier auf ihre Kosten, steht den Kleinen doch zum Klettern und Toben ein 35 m langes „Piratenschiff" zur Verfügung und den Großen ein Fußballfeld. Surfer treffen sich am südlich von Oudeschild gelegenen Surfstrand.

Reisetipps

- **Fahrradverleih und -laden Bets Fietsen** <091> Vlamkast 14a, Oudeschild, Tel. 0222 312184, www.betsfietsen.nl, geöffnet: Di.-Sa. 9-12.30 und 13.30-17 Uhr

Unterkünfte

- **At Sea Texel** €€ <092> Haven 2, Oudeschild, Tel. 0222 321080, www.atseatexel.nl. Das kleine Hotel ist in dem ehemaligen Hauptgebäude der Fährgesellschaft TESO untergebracht. Die sechs Zimmer haben eine helle, individuelle Einrichtung mit Holzbalken und Blick auf Hafen, Windmühle, Deich oder Wattenmeer. Zum Hotel gehört auch ein gutes Restaurant.
- **Design Hotel Texel Suites** €€€ <093> Haven 8, Oudeschild, Tel. 06 50615558, www.texelsuites.com. Ohne Zweifel gehören diese Luxussuiten, in einem historischen Speicherhaus direkt am Hafen gelegen, zu den teuersten Unterkünften auf Texel. Doch dafür bekommt man Hafenblick und köstliches Seafood im dazugehörigen Fischrestaurant 't Pakhuus (siehe unten).

Essen und Trinken

- **Compagnie** €€ <094> Haven 20, Oudeschild, Tel. 0222 313608, www.decompagnietexel.nl, geöffnet: tägl. ab 12 Uhr, im Winter nur am Wochenende. Modernes Restaurant im Hafen mit schöner Aussicht. Serviert werden Fisch- und Fleischgerichte wie Fischcurry, Saté und Gambas. Regelmäßig Liveauftritte, v. a. Rock- und Popmusik.
- › **Fischrestaurant 't Pakhuus** €€€, im Design Hotel Texel Suites (s. oben), Tel. 0222 313581, www.pakhuus.nl, geöffnet: Do.-So. ab 12 Uhr. Das stattliche Pakhuus, ein ehemaliges Lagerhaus am Hafen von Oudeschild, ist nicht zu übersehen. Im Restaurant gibt es fangfrischen Fisch, Garnelen und Herzmuscheln. Die Atmosphäre ist gemütlich, viel Holz und Dachbalken.
- **Oude Vismarkt** €€ <095> Vlamkast 53, Oudeschild, Tel. 0222 310783, www.deoudevismarkt.nl, geöffnet: Mo.-Sa. 9-18, So. 10-18 Uhr. Nostalgisches Flair in einem Fischgeschäft mit ein paar Holztischen und einer Terrasse im Freien. Hier werden geräucherte und gebratene Fische wie *Kibbeling*, selbstgemachte Fischsalate und dicke Rollmöpse angeboten.

Fisch vom Feinsten gibt es im Oude Vismarkt

136tx-ug

- **Vispaleis** €€ <096> Heemskerckstraat 15, Oudeschild, Tel. 0222 321441, www.vispaleistexel.nl, geöffnet: Mo.–Sa. 8.30–18 Uhr. Frisch geräucherter Aal ist der Kundenliebling im Vispaleis. Er wird vor Ort geräuchert und am besten auch hier verspeist – im Restaurant, im Wintergarten oder auf der Terrasse. Des Weiteren gibt es im Vispaleis Fischbrötchen, diverse Fischgerichte, aber auch frischen Fisch zum Mitnehmen. Auch Garnelen und Austern aus dem Wattenmeer werden angeboten.

Einkaufen

- **Spar Kalverboer** <097> Vlamkast 15, Oudeschild, geöffnet: Mo.–Sa. 8–18 Uhr. Der Spar-Supermarkt mit großem Parkplatz vor der Tür bietet das volle Sortiment an Lebensmitteln, auch Bio-Produkte.
- **Texelana-Shop** <098> Heemskerckstraat 8, Oudeschild, www.texelana.de, geöffnet: Mo.–Fr. 9.30–17.30, Sa. 9.30–17, So. 12–16 Uhr. Gegenüber dem Museum Kaap Skil befindet sich der Texelana-Shop, in dem die für Texel typischen Produkte aus Wolle angeboten werden: Mützen, Handschuhe, Hausschuhe, Pullover, Schals, Decken und auch Cremes mit Schaffett. Kassenschlager sind Bettdecken aus Texeler Schafwolle. Es gibt jeweils eine Filiale in Den Burg und De Koog. Wer die schönen Dinge der Insel nicht mit nach Hause schleppen möchte, kann alles auch über den Webshop (auch auf Deutsch) bestellen.
- › **Texels Wonen** <099> Schilderweg 220, Oudeschild, www.texels-wonen.nl, geöffnet: Do.–Sa. 10–17 Uhr. Auf 1200 Quadratmetern verkauft der Florist Bert van der Wal Blumen und Wohnaccessoires. Eine wahre Augenweide sind die großartigen Gestecke und liebevoll bepflanzten Blumenkästen, die stilvollen Vasen und Dekogegenstände. Ideal, um sich für den eigenen Garten inspirieren zu lassen.
- **TexelWool** <100> IJsdijk 7, Oudeschild, Tel. 0222 320599, www.texelwool.nl, Mo.–Fr. 9–12.30 Uhr. Lust auf eine neue Bettdecke? Und auf eine, die nach Schaf riecht und kuschelig warm hält? Dann am besten mal bei TexelWool vorbeischauen. Angeboten werden Bettdecken, Kopfkissen und Futons, oft auch B-Ware, die günstiger ist.
- **VOC de Kade** <101> Haven 9c, Oudeschild, www.facebook.com/VoCde Kade, geöffnet: Di.–So. 10–17 Uhr. In einem Häuschen am Hafen gibt es all das Schöne, was die Insel hergibt: Schaffelle, Käse, Lavendelprodukte, Marmeladen und Liköre – alles wunderbare Dinge zum Mitbringen (oder Behalten).

27 Den Hoorn ★★ [B8]

Der zweitgrößte und am südlichsten gelegene Ort der Insel ist auch als Künstlerdorf bekannt.

Der Charme von Den Hoorn erschließt sich vielen erst auf den zweiten Blick. Um das Dorf näher kennenzulernen, sollte man einen kleinen **Spaziergang** durch die Künstlerstraße Klif unternehmen und dann dem Fußgängerweg rechts namens *Hoge Achterom* „nach oben" folgen – an den Schafweiden vorbei zur weißen Kirche am Dorfrand. Hier herrscht eine friedliche und idyllische Atmosphäre, so als wäre man im alten Holland des 16. Jahrhunderts gelandet.

Und tatsächlich kann Den Hoorn auf eine lange Geschichte zurückblicken. Gegründet im Jahre 1398 auf einer Aufschüttung aus Geschiebelehm, der noch aus der letzten Eiszeit stammt, bestand das Dorf anfangs nur aus wenigen Häusern rund um 't Klif (die Straße gibt es noch heute). Die Einwohner waren Fischer, Bauern und Viehzüchter, die ländliche Atmosphäre ist immer noch spürbar.

Im 17. und 18. Jahrhundert, in den Zeiten der VOC (Vereinigte Ostindische Compagnie) und der Reede von Texel (s. S. 62), ging es auch mit Den Hoorn steil bergauf. Ein neuer Berufszweig entstand auf Texel: **Lotse.** Auf der Düne namens Loodsmansduin hielten die Den Hoorner Lotsen Ausschau nach Schiffen. Wurde eines erspäht, rannten die Lotsen um die Wette: Wer war zuerst am Hafen und konnte den Job ergattern? Ein Dokument aus dem Jahr 1781 vermeldet 99 in Den Hoorn wohnhafte Lotsen. Das Ende der VOC und der Bau des Nordholland-Kanals Anfang des 19. Jahrhunderts bereiteten dem Lotsenwesen ein Ende. Doch schon bald schwappte ein neuer Trend vom Festland hinüber nach Texel: die Blumenzwiebelzucht. Holländische Tulpen waren wertvoll und begehrt, also begann man mit dem Züchten von Blumenzwiebeln auf den fruchtbaren Äckern rund um Den Hoorn. Im Frühling liefern die vielen Felder voller blühender **Tulpen und Narzissen** einen bezaubernden Anblick.

Doch Den Hoorn hat noch einen weiteren Aspekt: Es ist das Künstlerdorf der Insel. Im Sommer öffnen viele Ateliers ihre Türen (Infos unter www.texelcultuureiland.nl). Aber auch außerhalb der Saison werden hier im einzigen Theater der Insel, De Toegift (s. S. 72), Kabarett- und Theatervorstellungen gegeben, auch in deutscher Sprache. Außerhalb der Vorstellungen wird das Theater als Restaurant genutzt.

28 Kirche von Den Hoorn ★★★ [B8]

Die hübsche Kirche von Den Hoorn mit ihrem weißen Turm ist schon von Weitem zu sehen. Sie ist nicht nur das am häufigsten fotografierte Gebäude von Den Hoorn, sondern zusammen mit dem Leuchtturm auch das von ganz Texel.

Besonders bezaubernd ist der Anblick im Frühling, wenn sich vor der Kirche die Felder voller gelber Narzissen erstrecken. Doch auch im Abendlicht und selbst bei Nebel liefert die Kirche einen romantischen Anblick.

Erstaunlicherweise liegt die Kirche nicht mitten im Dorf, sondern am Ortsrand. Das war nicht immer so. Zu Zeiten der VOC (Vereinigte Ostindische Compagnie) war Den Hoorn viel größer und die Kirche war damals noch der **Mittelpunkt** des Ortes. Als die Lotsen nicht mehr gebraucht wurden, zogen viele von ihnen weg und ihre Häuser verfielen. Auch die Kirche überstand schwierige Zeiten. Erbaut im Jahr 1425, an der Stelle einer kleinen Holzkapelle, wurde das Kircheninnere

043tx-ug

Die Kirche in Den Hoorn dient nicht nur den Gläubigen, sondern als Bake auch den Schiffen

1571 während des Bildersturms geplündert und zerstört. 1641 riss man den Chor der Kirche ein und errichtete eine robuste Mauer, auf der heute noch die Jahreszahl ihrer Einweihung steht: 1646. Die Kirche hat neben ihrer Funktion als Gebetshaus der Reformierten noch eine andere wichtige Aufgabe: Sie dient der Schifffahrt vor Texel als **Bake**, sodass die Schiffe dank der Leuchten im Turm sicher durch das Marsdiep zwischen Texel und dem Festland gelangen. Die Bake strahlt an der Ostseite ein grünes und an der Westseite ein rotes Licht aus.

Im Turm hängt eine Glocke aus dem 15. Jahrhundert. Während des Zweiten Weltkriegs wurde die **Glocke** – so wie andere Kirchenglocken der Insel – von den Deutschen konfisziert und einem Seemann übergeben, der sie auf das Festland zum Einschmelzen bringen sollte; man brauchte Kriegsmaterial. Doch der Schiffer spielte den Deutschen einen Streich und setzte sein Schiff in der Zuiderzee, dem heutigen IJsselmeer, auf Grund. Mehr als 200 Kirchenglocken versanken in den Fluten. Doch der clevere Seemann merkte sich die Stelle genau und kehrte nach dem Krieg zurück. Die meisten Kirchen bekamen ihre gestohlenen Kirchenglocken wieder. So auch die Kirche in Den Hoorn.

Im Inneren der Kirche befindet sich heute eine prächtige Orgel aus dem Jahr 1857, und an die Kirche angebaut ist ein Versammlungszimmer mit Delfter Fliesen.

› Kerkstraat 5, Den Hoorn, geöffnet: in den Sommermonaten Do. 16.30–17.30 Uhr

29 Walfängerhaus ★★★ [B8]

Das Walfängerhaus ist ein kleines, privat bewohntes Haus im Zentrum von Den Hoorn. Einmal in der Woche, am Montagnachmittag, dürfen Besucher einen Blick in das Kleinod werfen, in dem sich in den letzten Jahrhunderten kaum etwas verändert zu haben scheint.

Als die Eltern von Annetje das alte, verwahrloste Haus in Den Hoorn als Ferienhaus erwarben, stand fest, dass

⌃ *Holländischer Charme: die Küche im Walfängerhaus*

Walfänger auf Texel

Die Blütezeit des niederländischen Walfangs lag zwischen 1650 und 1800, Höhepunkt war das Jahr 1720, als rund 250 Walfänger aus Holland in Richtung Nordpol fuhren. Der Walfang war ein durchaus einträgliches Geschäft. So kehrte der Texeler Commandeur Pieter Jacobsz Dogger auf dem Schiff „Die Jungfrauen Anna und Maria“ mit einer reichen Ladung zurück: 330 Fässer Speck, gewonnen aus insgesamt dreizehn Walen.

Einige der Texeler Walfänger waren derart erfolgreich, dass sie mehr als hundert Wale in ihrem Leben erlegt hatten. Genutzt wurde fast jeder Bestandteil des Wals: Der Tran wurde beispielsweise zu Lampenöl verarbeitet, außerdem machte man daraus Seife, Speisefett und Gelatine. Auch die Barten der Wale, das sog. Fischbein, wurden vielfach verwendet, sie waren das Plastik jener Zeit. Man stellte daraus u. a. Schuhlöffel, Korsettstäbe und Reitpeitschen her.

Viele der Auftraggeber und Abnehmer der Walfänger wohnten im sog. Zaanstreek in Nordholland. Um ihre Fänge dort abzugeben und im Gegenzug ihren Lohn abzuholen, fuhren die Texeler Walfänger regelmäßig in den Zaanstreek. Dort wiederum deckten sie sich mit blauer Farbe aus der Zaan-Gegend und mit Fliesen aus Harlingen ein, beides zu sehen in dem schönen Walfängerhaus in Den Hoorn.

man alles möglichst originalgetreu belassen wollte. Das Haus aus dem Jahr 1680 war ein echter Glücksfall, denn die vorherige Eigentümerin, eine alte Dame, war eine Verfechterin der guten, alten Zeit. Es gab keine Zentralheizung und noch nicht lange Strom und fließendes Wasser.

Und so behielten Annetjes Eltern die wunderbaren, blau gestrichenen Holz-Bettnischen, die **Alkoven**, die rund 2000 blau-weißen Fliesen, die alten Dielenfußböden. Selbst die 150 Jahre alte rotbräunliche Farbe, mit der einer der Alkoven eingelassen war, wurde nicht entfernt. Mit viel Liebe zum Detail wurde alles mühevoll gepflegt und mit größter Sorgfalt renoviert. Und so zeigt sich das Walfängerhaus in einem Zustand, der einen wohlig an Omas Wohnzimmer erinnert.

Viele der im Walfängerhaus ausgestellten Stücke stammen aus der Walfängerzeit, als einer von ihnen, **Klaas Jacobsz Daalder**, in dem Häuschen wohnte. Als Zehnjähriger fuhr er das erste Mal zur See und arbeitete sich später zum Kommandeur hoch. Im Jahr 1729 bezog er mit seiner Familie das Walfängerhaus. Weitere sechzig Jahre sollte das Haus in Händen der Walfänger bleiben. Zu sehen sind ihre Mitbringsel und Gebrauchsgegenstände wie ein Walrosszahn, eine Seefahrer-Bibel, Dominosteine aus Elfenbein sowie viele Utensilien aus **Barten**, den Hornplatten im Kiefer eines Bartenwals, die zum Filtern des Wassers dienten. Daraus fertigte man früher Kämme, Schuhlöffel und Angelruten. Die Barten waren das „Plastik“ der Seefahrer.

Annetje nutzt das Haus noch immer als Ferienhaus. Die Familie schläft in den Alkoven, sitzt gemütlich zusammen am Küchentisch, wärmt sich am blau-weißen Fliesenkamin. Und noch

heute führt der Fußboden im Flur bergab – so wie das schon immer in diesem Hause war.

Annetje öffnet ihr Haus nur an drei Stunden in der Woche, alles auf freiwilliger Basis. Der Eintritt dient ausschließlich der Erhaltung des Hauses. Weil das Walfängerhaus sehr klein und eigentlich ein Privathaus ist, sollte es auch mit entsprechender Rücksicht besichtigt werden.

› **Walfängerhaus ('t Walvisvaarders Huisje),** Herenstraat 49, Den Hoorn, www.walvisvaardershuisjetexel.nl (Informationen auch auf Deutsch), geöffnet: Mai–Okt. Mo. 14–17 Uhr, Führungen um 14, 15 und 16 Uhr, Anmeldung über die Website oder beim VVV Texel, Eintritt: 3 €. Da das kleine Haus mehrere Stufen und Schwellen hat, ist es nicht für Kinderwagen oder Rollstuhl geeignet.

Strände

Den Hoorn hat einen wunderbaren Sandstrand, der allerdings nicht direkt an den Ort grenzt. Man muss erst einmal drei Kilometer durch die Dünen über die Straße namens Hoornderslag zurücklegen, um zu Paal 9 zu kommen.

› **Strandrestaurant** Paal 9 (s. S. 73)

› **Strandhäuschen** (s. S. 91). Rund 15 der weißen Strandhäuschen am Strand von Den Hoorn sind für Touristen bestimmt und können gemietet werden, Wechseltag ist jeweils Samstag. Die Strandhäuschen, zu denen zwei Liegestühle und ein Windschutz gehören, können online über die Website von Paal 9 gebucht werden: www.paal9.nl. Es gibt auch zwei Strandhäuschen, die für Rollstuhlfahrer zugänglich sind.

› **Nacktbadestrand:** Einer von zwei Nacktbadestränden auf Texel liegt bei Den Hoorn, genauer gesagt rund 500 Meter südlich von Paal 9. Schilder weisen die genaue Zone aus. Erreichbar ist der Nacktbadestrand über den Hoornderslag, an dessen Ende auch ein Parkplatz liegt. Am Nacktbadestrand gibt es keine Strandrestaurants.

Sonnenschirme und Liegestühle verstauen die Insulaner in ihren Strandhäuschen (s. S. 91)

Unterkünfte

- **Anja Hoeve Appartements** €€ <102> Westerweg 50, Den Hoorn, Tel. 0222 310500, www.anjahoeve.nl. In einem Bauernhof aus dem Jahr 1740 vermieten Albert und Hennie Huisman vier gemütliche Ferienwohnungen, eingerichtet in den Farben Rot, Grün, Blau und Gelb sowie weitere Apartments im Nebengebäude. Zum Bauernhof gehören Sandkasten, Rutsche, Hühner und Ziegen – ideal für Familien mit Kindern. Außerdem gibt es einen Bungalow, der sich auch für Gäste im Rollstuhl eignet.
- **Apartmenthotel Bos en Duin** €€ <103> Bakkenweg 16, Den Hoorn, Tel. 0222 315541, www.bosenduin-texel.nl/de. Rund zwei Kilometer vom Nordseestrand und direkt am Dünenwald befindet sich diese Unterkunft, in der es über 40 Ferienwohnungen gibt, darunter sieben Luxusapartments. Verschiedene Wohnungsgrößen bieten Platz für 2 bis 6 Personen. Ideal ist, dass man sich auf der Website jede einzelne Wohnung ansehen und diese dann auswählen kann. Für Gäste mit Gehbehinderung gibt es eine Wohnung im Erdgeschoss. Zum Apartmenthotel gehört auch das sehr gute Restaurant Bosq (s. rechts), sodass man abends nicht selbst den Kochlöffel schwingen muss.
- **Bij Jef** €€€ (siehe unten). Luxussuiten über dem bekannten Feinschmecker-Restaurant Bij Jef.
- **Camping Loodmansduin** € <104> Rommelpot 19, Den Hoorn, Te. 0222 390112, www.texelcampings.nl/loods mansduin. Campingplätze und 60 komfortable Chalets erwarten Besucher inmitten der Dünen. Mit beheiztem Freibad und FKK-Bereich.

Essen und Trinken

- **Bij Jef** €€€€ <105> Herenstraat 34, Den Hoorn, Tel. 0222 319623, www.bijjef.nl, geöffnet: Mi.–Sa., Empfang der Gäste zwischen 18.30 und 19 Uhr. Aus ganz Holland kommen Feinschmecker nach Texel, um im Bij Jef (bei Jef) zu essen, und ihnen macht es auch nichts aus, dass ein 7-Gänge-Menü mit 175 € zu Buche schlägt. Das außergewöhnliche Essen in Kombination mit den Weinen der preisgekrönten Sommelière Nadine Mögling ist es wert. Bij Jef wurde daher auch mit einem Michelin-Stern ausgezeichnet.
- **De Bank** €€ <106> De Naal 2, Den Hoorn, https://debanktexel.nl, geöffnet: tägl. 10–21 Uhr. Texeler Bier und Gerichte mit Texeler Zutaten – auch bei De Bank orientiert sich die Küche an den Gaben der Insel und zaubert aus ihnen köstliche Gerichte, die liebevoll garniert auf den Tisch kommen. Fürs Auge gibt es hier genug, aber auch der Gaumen kommt nicht zu kurz. Denn die Mahlzeiten schmecken köstlich. Es gibt Suppen, Salate, Pasta und viel Vegetarisches.
- **Restaurant Bosq** €€€, im Apartmenthotel Bos en Duin (s. links), www.bosq.nl, geöffnet: Mi.–Fr. ab 17.30, Sa. und So. 12.30–16 und ab 17.30 Uhr. Vom Michelin-Führer empfohlenes, stilvolles Restaurant am Waldrand – Bosq kommt vom spanischen *bosque* (Wald). Empfehlenswert ist die „Chefs Selection“, ein Mehr-Gänge-Menü, das die ganze Bandbreite des Könnens von Chefkoch Robin Koenen zeigt.
- **Theater & Restaurant De Toegift** €€ <107> Klif 12, Den Hoorn, Tel. 0222 319633, www.detoegift.com, geöffnet: Mi.–Mo. ab 10 Uhr. Abends Theater, tagsüber Café mit Terrasse – De Toegift eignet sich gut für eine Pause während einer Wanderung oder Radtour. In der Sonne auf der Terrasse schmecken ein Kaffee mit Kuchen oder ein kühles „Skuumkoppe“ besonders gut. Des Öfteren finden hier abends Theater- und Musikveranstaltungen statt.

Strandrestaurants

- **Paal 9** €€ <108> Hoornderslag 8, Den Hoorn, Tel. 0222 319309, www.paal9.nl, geöffnet: gänzjährig tägl. 10–21 Uhr. Paal 9 ist ein gemütliches Strandrestaurant mit einer vielseitigen Speisekarte. Zur Auswahl stehen am Mittag *broodjes* und am Abend Flammkuchen und Currys.
- **Strandpaviljoen Twaalf** €€ <109> Jan Ayeslag 2, Den Hoorn, Tel. 0222 319737, geöffnet: Ostern bis Ende Oktober tägl. ab 12 Uhr. Ruhiges Strandbistro, etwas „ab vom Schuss" und dafür umso gemütlicher. Man legt Wert auf Produkte der Insel und so werden Texeler Lammfleisch, Texeler Bier und Fisch aus der Nordsee angeboten. Selbst der Apfelsaft stammt von der Insel. Die Strandbar gehört zum veganen Restaurant Wit-lof Foodbar & Hangout in Den Burg (s. S. 29), daher werden auch hier am Strand viele vegane Gerichte angeboten.

Einkaufen

- **Bauernhof Novalishoeve** (s. S. 110)
- **Schapenboerderij Westerweg** <110> Westerweg 80, Den Hoorn, Tel. 0222 319263, www.hoevevrijenblij.nl, geöffnet: Mo.–Sa. 10–17 Uhr. Bauernhof mit

Meine Tipps

Ausflug zur Loodsmansduin

Die Loodsmansduin [A8] war einer der höchsten Punkte von Texel. Früher hielten hier die Lotsen Ausschau nach Schiffen, die auf der Reede von Texel vor Anker gehen wollten. Wer ein Schiff entdeckte, rannte los, um den begehrten Job als Lotse zu bekommen. Ab 1938 nutzte das niederländische Militär die Düne als Kommandoposten und baute hier einen Bunker, der später von den Deutschen beschlagnahmt wurde. Heute hat der Spaziergänger von der Loodsmansduin einen schönen Blick über die Dünen und Den Hoorn.

Ein buntes Erlebnis

Das Wetter spielt nicht mit und die Kinder quengeln? Dann ab zur **De Bonte Belevenis.** Denn in dem großen Landgut können die Kleinen nach Herzenslust Seifen, Kerzen und Papier herstellen oder Brot backen. Es gibt genug zu tun, sodass ein Regentag dennoch nicht ins Wasser fällt. Weitere Infos auf Seite 123.

Am Strand von Den Hoorn lädt Paal 9 zu Speis und Trank ein

118tx-ug

048tx-ug

Campingplatz und Hofladen, in dem Ido und Pytsje eigenes Lammfleisch und Schafskäse verkaufen, aber auch noch viele weitere Produkte von der Insel.

› **Spar-Supermarkt und Metzgerei (Slagerij) Goënga** <111> De Naal 1, Den Hoorn, Tel. 0222 319252, www.spargoenga.nl, geöffnet: Mo.–Sa. 8.30–18 Uhr (Öffnungszeiten saisonabhängig, genaue Infos auf der Website). Die Metzgerei Goënga gehört zum gleichnamigen Spar-Supermarkt in Den Hoorn. In dem sehr gepflegten und gut sortierten Supermarkt gibt es neben vielen Texeler Produkten auch echt Texeler Lamm- und Rindfleisch. Bekannt ist Goënga unter anderem für seinen Texeler Lammschinken (lamsham).

Die Kirche von Den Hoorn (28) *von der Mokbaai aus betrachtet*

Auch Enten und Gänsen gefällt es auf Texel nur zu gut

Die Naturschutzgebiete

Auf Texel gibt es einen großen **Nationalpark: Duinen van Texel,** bestehend aus Dünengebieten, Dünentälern, Heideflächen, Küstenwäldern, Salzwiesen und Strandabschnitten. Der Nationalpark umfasst eine Fläche von ca. 4300 Hektar, was einem Viertel der Gesamtfläche der Insel entspricht. Die im Folgenden genannten Naturschutzgebiete gehören teilweise zum Nationalpark.

Zu verdanken ist der Schutz der Texeler Dünen dem Naturschützer und Publizisten **J. P. Thijsse,** der mit unermüdlichem Eifer schon in den 1930er-Jahren auf die Pracht und Artenvielfalt des Dünengebiets aufmerksam machte. Er plädierte dafür, das Gebiet zum Nationalpark zu erklären, was im Jahr 2002 endlich geschah. Eine Skulptur, die J. P. Thijsse darstellt, sieht man während eines Rundgangs auf dem Wanderweg 't Allo (s. S. 96).

Neben den Dünen von Texel gibt es noch **weitere kleinere Naturschutzgebiete** auf Texel. Verwaltet werden die

Naturschutz auf Texel

Im 19. Jahrhundert dachte man auf Texel noch nicht an Naturschutz. Hungrige Münder mussten gestopft und Arbeitsplätze geschaffen werden, und so wurden Heideflächen umfunktioniert, Feuchtgebiete trockengelegt und Bäume angepflanzt. Das Waldgebiet De Dennen 32 ist das Ergebnis einer solchen Arbeitsbeschaffungsmaßnahme. Erst zu Beginn des 20. Jahrhunderts wurden die Stimmen derjenigen lauter, die die fantastische Natur auf Texel erhalten wollten. Unter ihnen war der Lehrer und Naturschützer **Jacobus Pieter Thijsse** (1865–1945), der ein paar Jahre in einer Schule in Den Burg unterrichtete. Er gründete 1905 die Vereinigung **Natuurmonumenten,** die sich für die Einrichtung neuer Naturschutzgebiete einsetzt. Heute gehören der Vereinigung, die inzwischen 922.000 Mitglieder zählt, 315 Naturschutzgebiete mit einer Gesamtfläche von über 110.000 Hektar in ganz Holland. Auch auf Texel erwarb Natuurmonumenten mehr und mehr Land, nicht immer zur Freude der **Bauern.** Des einen Freud, des anderen Leid: Die jährlich zu Tausenden auf der Insel einfallenden **Ringelgänse** mögen vielleicht die Herzen der Vogelfreunde erfreuen, doch für die Bauern sind sie ein Albtraum, denn sie fressen die Äcker kahl. Auch der **Wasserstand** kann zum Zankapfel werden: Die Bauern bevorzugen im Frühling und Sommer einen niedrigen Wasserstand, während für brütende Vögel wiederum ein hoher Wasserstand mit schützendem Schilf günstig ist.

Und so versucht man, **Kompromisse** zu finden, wie im nördlich von Den Burg 1 liegenden Poldergebiet Waal en Burg. Hier haben sich vor allem in den 1950er- und 1960er-Jahren Bauern niedergelassen, um auf den Flächen Ackerbau und Viehzucht zu betreiben. Doch die Gegend bietet vielen Orchideen- und Vogelarten eine Heimat, deshalb versuchte Natuurmonumenten, die dort ansässigen Bauern zum Umzug zu bewegen und ihnen ihr Land abzukaufen. Inzwischen findet man dort wieder unzählige Orchideen und brütende Wiesenvögel. Damit die Ruhe nicht gestört wird, darf das Naturschutzgebiet in der Brutsaison zwischen 1. April und 1. Juli nicht betreten werden. Das dort wachsende Gras wird erst nach dem 15. Juli gemäht.

056tx-ug

Wilde Orchideen auf Texel

Auf Texel wachsen rund 13 verschiedene Orchideenarten, die streng geschützt sind. Manche Sorten häufen sich auf einer Fläche derart, dass sie kaum zu übersehen sind. So sind die Wiesen bei ’t Allo (s. S. 96) und im Naturschutzgebiet De Geul (31) im Frühling von den lila- und rosafarbenen Farbtupfern des Knabenkrauts übersät. Und auch in den Gebieten De Nederlanden, De Hors (30) und Kreeftenpolder sind wilde Orchideen zu finden.

Andere Gegenden sind weiter „ab vom Schuss“ und nur schwer oder gar nicht zugänglich wie die Wiesen am Roggesloot, die nur von Nationalparkwächtern betreten werden dürfen. Diese Vorsicht hat einen guten Grund: Orchideen gedeihen nur unter bestimmten Bedingungen. So vertragen sie beispielsweise keinen künstlichen Dünger und mögen es auch nicht, dass nach dem Abmähen Grasabfälle auf der Wiese zurückbleiben. Dadurch fördern zu viele Nährstoffe das Wachstum anderer Pflanzen wie der Brennnessel und die Orchideen werden verdrängt.

Auf Texel sind folgende Orchideenarten zu finden: Geflecktes, Breitblättriges und Kleines Knabenkraut, Händelwurz, Zweiblättrige Nachthyazinthe, Sumpf-Stendelwurz und Sumpf-Glanzkraut.

Gebiete im Osten der Insel hauptsächlich von der Vereinigung **Natuurmonumenten** (siehe Exkurs „Naturschutz auf Texel“, Seite 75), während die westlich gelegenen Areale unter der Aufsicht vom Staatsbosbeheer (der Waldaufsichtsbehörde) stehen.

Für die Texel-Besucher und Inselbewohner bedeutet das, dass zwar viele Gegenden durch Rad- und Wanderwege erschlossen sind, doch manche Bereiche **nur zu bestimmten Jahreszeiten betreten** werden dürfen. Dazu gehören zum Beispiel das im Süden der Insel gelegene Naturschutzgebiet De Geul (31), in dem sich die größte Löffler-Kolonie der Niederlande niedergelassen hat. Zur Brutzeit ist der Wanderweg nicht begehbar.

(30) De Hors und Hors-Seen ★★ [B9]

De Hors, eine endlos wirkende Sandfläche, bildet den **südlichsten Punkt** von Texel. So wie das nördlich anschließende Dünental De Geul (31) entstand De Hors durch eine an Texel angenäherte Sandbank, die im Laufe der Jahrzehnte durch die Meerenge Marsdiep wanderte. Noch heute bilden sich hier immer wieder neue **Dünen** – man kann regelrecht dabei zusehen. Auf den Sandflächen von De Hors brüten viele Zwergseeschwalben.

Das raue und naturbelassene Gebiet ist ständig im Wandel. Erst im letzten Jahrhundert entstanden durch Sandverwehungen der Horsund der Kreeftepolder, später wurden die zwei kleinen Hors-Seen vom Meer abgetrennt. In den feuchten Dünentälern blühen das Fleischfarbene Knabenkraut, das Sumpf-Glanzkraut und das Sumpf-Herzblatt. Vom Parkplatz aus führt ein schöner, verschlungener Weg durch die Dünen und entlang der Seen.

› **Anfahrt:** Parkplatz am Mokweg, dann zu Fuß weiter zwischen den Hors-Seen *(Horsmeertjes)* hindurch zum Sandgebiet

31 De Geul ★★ [B9]

De Geul liegt im Südwesten der Insel und besteht aus einem lang gestreckten Tal zwischen Dünen, in dem die Natur seit 1926 das Sagen hat.

Das Gebiet kann auf eine interessante **Entstehungsgeschichte** zurückblicken: Die zwischen Texel und Den Helder liegende Meerenge Marsdiep war schon immer besonders stark den Gezeiten und Strömungen ausgesetzt. **Sandbänke** entstanden, verschwanden oder verschoben sich. Eine der größeren Sandbänke namens „Onrust" (Unruhe) wanderte in Richtung Texel und verschmolz im Jahre 1910 mit dem Süden der Insel. Dünen konnten sich bilden und so entstand De Geul.

Bekannt ist De Geul heute vor allem wegen der größten **Löfflerkolonie** der Niederlande, die sich hier jedes Jahr – von Afrika kommend – zum Brüten einfindet. Warum gerade Texel? Zum einen, weil es hier ein großes, unberührtes Gebiet aus Wasser- und Sandflächen mit schützendem Schilf gibt, in das der Löffler sein Nest bauen kann. Zum anderen leben auf der Insel keine Füchse, die größten Feinde der Löffler, und sie finden hier genügend zu fressen. Speziell für die Löffler wurde ein Fischpass für den Dreistacheligen Stichling angelegt – die Leibspeise der Vögel. Auf Texel brüten im Frühling ungefähr 500 Löfflerpaare.

Die elegant anmutenden, **weißen Vögel** mit den langen Beinen und dem langen, schwarzen Schnabel, der sich am Ende löffelförmig weitet, sind ein faszinierender Anblick. Dank des **Wattenmeers** ist der Tisch für sie immer reichlich gedeckt. Zudem wachsen in De Geul Sumpfpflanzen, Sanddorn- und Brombeerbüsche sowie Bittersüßer Nachtschatten. Neben der genannten Löfflerkolonie sind auch viele Singvögel, Schwalben und Rohrweihen zu finden.

Der niederländische Staatsforst hat im Naturschutzgebiet De Geul mehrere Wege angelegt. Einige davon sind während der Brutsaison gesperrt. Außerhalb der Brutsaison vom 15. August bis zum 1. März sind aber auch die sogenannten „grünen Wege" durch De Geul begehbar.

Am Mokweg gibt es zwei **Aussichtspunkte** (auch mit Rollstuhl zugänglich), von denen aus man mit etwas Glück die Löfflerkolonie sehen kann.

› **Parkplätze:** Hoornderslag und Stuifdijk

⊡ *Im Juni blühen auf Texel Millionen wilder Orchideen*

014tx-ug

32 De Dennen ★★ [B7]

Von De Koog an der Westseite der Insel bis fast nach Den Hoorn zieht sich das Waldgebiet De Dennen. *De Dennen* heißt zu Deutsch „die Kiefern" und der Name kommt daher, da man hier zu Beginn des 20. Jahrhunderts einen **Kiefernwald** anlegen ließ, der der Holzgewinnung dienen sollte. Keine einfache Aufgabe, denn der Boden war an einigen Stellen zu nass, an anderen wiederum zu trocken. Man legte beim Pflanzen der Kiefernsetzlinge mit Wasser vollgesogene Torfstücke in die Pflanzlöcher, damit die Kiefernwurzeln an trockenen Stellen gut mit Feuchtigkeit versorgt waren. Ein Teil von De Dennen heißt daher auch *Turfveld* („Torffeld").

Ein anderes Problem war der stetig wehende, salzhaltige Wind, der den Nadeln zusetzte und sie austrocknete. Daher beschloss man in den 1980er-Jahren, die Nadel- durch **Laubbäume** zu ersetzen, was die Bevölkerung Texels in Aufruhr versetzte: Zwar finden sich in De Dennen inzwischen auch Laubbäume, da sie die salzhaltige Luft besser vertragen, doch die duftenden Kiefern durften stehenbleiben.

Wander-, Rad- und Reitwege wurden angelegt und Besucher und Texelaner nutzen De Dennen eifrig als **Naherholungsgebiet.** Im Frühjahr blühen hier unzählige Schneeglöckchen und im Frühling nutzen viele Vögel das Waldgebiet zum Brüten. De Dennen gehört zum Nationalpark Dünen von Texel und grenzt direkt an Dünen und Strand, sodass man die Möglichkeit zu abwechslungsreichen Wandertouren hat.

› **Anfahrt:** z. B. De Pelikaanweg oder Rozendijk
› **Spielplatz** „Vierkante Stuk" mit WC am Ploeglanderweg
› **Grillplatz,** Picknickmöglichkeit und WC am Tureluursweg

33 De Muy ★★★ [C4]

An den Slufter 34 grenzt in südlicher Richtung das Naturschutzgebiet De Muy, das durch eine Dünenreihe vor dem Meer geschützt ist. De Muy ist ein Erlebnis für alle Naturfreunde, denn hier gibt es eine gro-

De Dennen – das Waldgebiet der Insel

ße Vielfalt an Pflanzen und Tieren. In den von Wasserflächen durchzogenen Feuchtwiesen grasen **Galloway-Rinder,** die sich im Sommer gerne im Wasser abkühlen. Damit sie nicht ausbüxen können, ist das Naturschutzgebiet von Zäunen und Gittertoren umgeben. Doch hat man diese erst einmal passiert, dann steht man Auge in Auge mit den schwarz-braunen, zotteligen Rindern.

Die Wasserläufe und -flächen ziehen auch viele **Enten, Gänse, Reiher** und **Frösche** an. An manchen Stellen ist das Gequake und Gegacker durchaus lautstark. Wer ein Fernglas besitzt, sollte es unbedingt mitnehmen, denn in den Bäumen, Büschen und im Schilf verstecken sich **Zaunkönige, Rohrweihen, Schilfrohrsänger** und **Kiebitze.**

Vor allem im Frühling entdeckt man hier an vielen Stellen unzählige wilde **Orchideen** wie das Breitblättrige, das Kleine und das Gefleckte Knabenkraut. Im Sommer sieht man Brombeeren, Sanddorn und Holunder und im Spätsommer blüht die Heide.

Auf Seite 95 wird ein **Spaziergang** durch das Naturschutzgebiet beschrieben, den man um einen Abstecher in das Naturschutzgebiet De Slufter 34 ergänzen kann. In De Muy gibt es keinerlei gastronomische Einrichtung, man sollte daher Essen und Trinken mitnehmen. Richtung Meer befindet sich auf einer höheren Düne ein **Aussichtspunkt.** Dort stehen auch ein Tisch und Bänke, die sich für ein Picknick eignen.

› **Anfahrt:** Parkplatz am Ende des Muywegs, dann ungefähr 600 Meter zu Fuß bis zum Eingang des Naturschutzgebiets.

34 De Slufter ★★★ [C3]

De Slufter ist eine große, von Dünen gesäumte Ebene im Nordwesten der Insel, die zum Nationalpark der Texeler Dünen gehört. Hier kann die Nordsee – im Gegensatz zu allen anderen Abschnitten der niederländischen

Auch die Galloway-Rinder lieben im Sommer ein erfrischendes Bad

050tx-ug

051tx-ug

Küste – ungehindert eindringen. Das ist sehr ungewöhnlich, denn Deichbau und Dünenschutz ist an der Küste oberstes Gebot. Tatsächlich stand hier früher auch einmal ein Deich, der 1630 angelegt wurde. Im Jahre 1859 brach er jedoch an drei Stellen. Einen der **Deichbrüche** bekam man schnell wieder dicht. Den bei De Muy allerdings erst rund 30 Jahre später. Und bei De Slufter gelang es nie mehr, den Deich zu schließen. So beschloss man in den 1920er-Jahren, der Natur freien Lauf zu lassen. Die Folge: eine faszinierende Lagunenlandschaft mit Wasserläufen, Sandbänken, **Salzwiesen** und einzigartiger Vegetation. So blühen hier im Sommer der Strandflieder und die Strandaster (Lamsoren) und überziehen die Ebene mit einer violetten Farbe. Aber auch andere Pflanzen, die das Salzwasser vertragen können, wie der Queller, wachsen hier. Die Salzwiesen gehen langsam in eine Wasserfläche über, die von den Gezeiten und Stürmen beherrscht wird. So kann es bei einer **Sturmflut** durchaus passieren, dass der komplette Slufter überflutet wird. In ruhigerer Zeit sieht man mit etwas Glück am Wasser Löffler, Austernfischer, Rohrweihen und Kormorane, die nach Fischen suchen.

Auf Seite 94 ist ein **Spaziergang** durch De Slufter beschrieben, den man sehr gut mit einer Wanderung durch das Naturschutzgebiet De Muy 33 kombinieren kann. Wer keine Lust hat zu laufen, der kann auch eine gemütliche Tour mit dem **Pferdewagen** buchen (s. S. 130).

› **Anfahrt:** Parkplatz Slufterweg. Zum Aussichtspunkt am Eingang von De Slufter führt eine Treppe, für Besucher mit Roll-

⌃ In das Naturschutzgebiet De Slufter 34 darf das Meer ungehindert eindringen

› Ein Löffler, fotografiert von René Pop. Mehr über seinen Bildband steht auf Seite 120.

MEIN TIPP

Vogelexkursionen auf Texel

› **Calidris Vogelsafaris.** Der Biologe Klaas de Jong ist auf der Insel eine Berühmtheit: Die Deutschen kennen ihn aus der Sendung „Wunderschön" und die Niederländer aus der Sendung „In de ban van de Condor". Dort mussten die besten Vogelexperten gegeneinander antreten – und Klaas gewann. Trotzdem ist er bescheiden und nett geblieben und nimmt in seinem Bus Touristen mit auf Vogelsafari. Man wird im Hotel abgeholt und zu den Stellen auf der Insel gebracht, wo je nach Jahreszeit die meisten Vögel zu sehen sind. Klaas kann sie alle benennen – auch in deutscher Sprache! Kosten: Halbtagessafari 45 €. Infos und Termine unter www.vogelsoptexel.nl oder Tel. 0621 809865.

› **Vogelinformatiecentrum Texel** <113> Kikkertstraat 42, De Cocksdorp, Tel. 0222 316249, www.vogelinformatiecentrum.nl, geöffnet: Mo.–Sa. 10–18 Uhr. Das Vogelinformationszentrum befindet sich im Ortskern. Im dazugehörigen Laden De Verrekieker gibt es Ferngläser, Tarnkleidung und -zelte sowie Bücher und Informationen. Es werden Vogelexkursionen und ganztägige Foto-Exkursionen durchgeführt.

stuhl oder Kinderwagen gibt es einen barrierefreien Weg.

› **Café-Restaurant De Slufter** <112> Slufterweg 1, De Cocksdorp, www.caferestaurantdeslufter.nl, geöffnet: tägl. ab 10.30 Uhr. Am Parkplatz am Eingang von De Slufter befindet sich das gleichnamige Restaurant mit Terrasse. Man kann hier zu Mittag und zu Abend essen, für zwischendurch gibt es Kaffee, heiße Schokolade und schmackhafte Pfannkuchen.

35 Dünen von Eierland ★ [D2]

Die Dünen von Eierland machen einen wichtigen Teil des Nationalparks Dünen von Texel aus. Die höchste von ihnen ist der **Lemoensberg.**

Das Gebiet ist sehr kalkarm, denn der Regen hat über Jahrhunderte hinweg den Kalk aus der Dünenlandschaft weggespült – beste Voraussetzungen für besondere Pflanzen wie Flechten, Labkraut und Dünenveil-

052tx-rp

chen. Letztere bieten den Raupen des Kleinen Perlmutterfalters Nahrung, von denen es auf Texel drei Arten gibt. Damit die Pflanzenwelt so beschaffen bleiben kann, lässt man die feuchten Dünentäler von Schafen begrasen. Aber auch viele **Vögel** haben sich hier niedergelassen, was man an dem Geschnatter, Gepiepse und Gekreische gut hören kann. In den Naturschutzgebieten nördlich von De Cocksdorp 10 findet man Rotschenkel und Kiebitze. Auch die Sumpfohreule brütet in Eierland, die vielen Wühlmäuse bieten ihr ausreichend Nahrung.

KURZ & KNAPP

Erste Hilfe für Schafe

Das Texeler Schaf hat einen recht breiten Rücken. Wenn es in eine Kuhle tritt und dabei umfällt, kommt es in der Regel nicht mehr allein auf die Beine. Wenn Sie ein solches Schaf auf dem Rücken liegen sehen, **helfen Sie ihm bitte** oder rufen Sie so schnell wie möglich den Bauern. In einer solch misslichen Lage kann bereits nach einer Stunde der Stoffwechsel des Schafs zum Erliegen kommen. So können Sie dem Schaf selbst helfen: Greifen Sie dem Tier in der Seite ins Fell und drehen Sie es auf den Bauch. Der Schafbauer wird es Ihnen danken.

Zu Eierland gehört auch der **Roggesloot**, ein Überrest eines Wattpriels, das sich vermutlich bis zum Naturschutzgebiet De Slufter zog. Der Roggesloot verdankt seinen Namen den Rochen *(roggen)*, die im Priel lebten. Noch 15 Jahre nach der Eindeichung zog man einen Rochen aus dem Wasser – er hatte sich vermutlich dem Süßwasser anpassen können. Heute hat der Roggesloot keine Verbindung mehr mit dem Meer, er fängt das Wasser aus dem Polder auf. Wohl aber gibt es eine Fischpassage, durch die Stichlinge vom Meer in den Polder gelangen, wo sie Löfflern als Nahrung dienen.

Mit seinen Ufern aus Schilfrohr bietet der Roggesloot dem **Rohrammer** einen idealen Brutplatz. Auch wenn das Schilfrohr jährlich gemäht wird, so bleibt doch ein Teil davon stehen, um ihnen einen Rückzugsort zu bieten. Rund um den Roggesloot wachsen wilde Orchideenarten wie das Breitblättrige und das Kleine Knabenkraut. Im Osten sieht man noch einige Erhebungen, die früher dem Vieh als Zufluchtsort bei Hochwasser dienten.

› **Anfahrt:** Krimweg bzw. von der Kikkertstraat zum Roggesloot, De Cocksdorp

053tx-ug

36 De Schorren ★ [F3]

Das Naturschutzgebiet De Schorren ist ein wahres Vogelparadies auf der Wattseite im Nordosten der Insel, also außerhalb des schützenden Deiches. Im Sommer, wenn der **Strandflieder** blüht, überzieht ein violetter Teppich das Areal. Das rund 6800

Im Frühling bevölkern Tausende von Lämmern die Wiesen Texels

054tx-ug

Hektar große Naturschutzgebiet besteht aus Salzwiesen und Wasserläufen. Bei Ebbe finden Zehntausende **Vögel**, darunter viele Löfflerpaare, Eiderenten und Austernfischer, hier viel Nahrung in Form von Muscheln, Krabben, Garnelen, Krebsen und Fischen, bei Flut bieten die höher gelegenen Salzwiesen einen prima Rückzugsort.

› **Anfahrt:** De Schorren ist nicht zugänglich, kann aber vom Radweg, der den Lancasterdijk entlangführt, gut eingesehen werden. Am besten ein Fernglas mitnehmen.

MEIN TIPP

Der Vogel-Boulevard Texel

Jedem Vogel-Liebhaber geht hier das Herz auf: Im Norden von Texel, an der Wattenmeerseite, befindet sich der sog. **Vogel-Boulevard.** Hier reihen sich 15 Naturgebiete aneinander, die für Vögel ein wahres Paradies darstellen. Teilweise liegen diese Gebiete vor dem schützenden Deich wie De Schorren 36, teilweise hinter dem Deich wie Utopia 37, Wagejot, Dijkmanshuizen und Molenkolk. Am besten kann man diese Vogelschutzgebiete erkunden, wenn man mit dem Fahrrad vom Norden der Insel beim Fähranleger startet und am Wattenmeer den Lancasterdijk Richtung Süden fährt. Größtenteils ist der Weg zu einer Straße ausgebaut, sodass man auch mit dem Auto dort entlangfahren kann. Auf den Parkplätzen am Straßenrand sieht man viele Vogelfans sitzen, die mit dem Fernglas die Vögel auf den Seen und Bächen beobachten.

37 Utopia ★★★ [F4]

Utopia wurde im Jahre 2010 zum Naturschutzgebiet ernannt. Der etwas seltsam klingende Name stammt von dem gleichnamigen Bauernhof am Rande des Naturschutzgebietes, dessen ehemalige Ackerflächen nun zum Vogelparadies umgewandelt wurden. Damit sich die Vögel hier richtig wohlfühlen, wurden Teile des Landes geflutet und mit Muscheln bedeckte Inseln angelegt. Die Mühe hat sich gelohnt, denn das 28 Hektar umfassende Gebiet wurde sofort von Brut- und Zugvögeln in Beschlag genommen.

Im Windschatten dieser Scheunen finden die Schafe Schutz

117tx-ug

Ungefähr 6000 Seeschwalben-Paare brüteten dort pro Jahr, bis die Vogelgrippe im Jahr 2022 die Kolonie dahinraffte. Langsam erholt sich die Population wieder.

KURZ & KNAPP

Links- oder Rechtsträger?

Wer im Frühling bei Utopia 37 den Seeschwalben beim Füttern ihrer Jungen zusieht, erkennt kleine Fische in ihren Schnäbeln, die sie vom Wattenmeer heranschleppen. Es sind meist Tobiasfische, kleine Sandaale. Die Fische werden hinter dem Kopf gepackt und hängen auf einer Seite des Schnabels herunter. Links oder rechts? Das ist eine Frage der gerade vorherrschenden Windrichtung. Die Seeschwalbe trägt den Fisch immer so in ihrem Schnabel, dass der Wind ihn von ihr davonträgt. So fliegt es sich leichter.

Das Naturzentrum von Waalenburg

Des Weiteren kann man in Utopia auch Löffler, Rohrsänger, Bartmeisen und Rohrweihen entdecken. Für Autos ist das Gebiet gesperrt, doch für Fahrradfahrer, Fußgänger und Rollstuhlfahrer gibt es einen asphaltierten Weg, der am Vogelschutzgebiet entlangführt.

› **Anfahrt:** Parkplatz am Ende des Stuifwegs, dann zu Fuß weiter

38 Waalenburg ★★★ [C6]

Die Naturschutzorganisation **Natuurmonumenten** erwarb 1909 auf Texel ein Stück Land: einen Teil des Poldergebiets Waal en Burg. Später folgten weitere Ankäufe und das Naturgebiet Waalenburg war geboren. 1937 wurden – mit Unterstützung vieler Einwohner Texels – weitere 37 Hektar Grund für das Naturgebiet hinzugekauft und die Fläche wurde in ein **Vogelschutzgebiet** umgewandelt. Jahr für Jahr wird der Wasserstand ein Stück erhöht, sodass auch im Hochsommer ausreichend Wasser in den vielen Kanälen und Weihern zur Verfügung steht und die Vögel einen optimalen Lebensraum vorfinden.

Vor allem **Wat- und Weidevögel** lassen sich in Waalenburg nieder. Einer der schönsten Bewohner des Naturschutzgebietes ist der **Kiebitz**, der hier in großer Zahl brütet. Viele Kiebitze überwintern auch auf Texel und ziehen nur dann weiter, wenn es stark zu frieren beginnt. Ebenfalls in Waalenburg anzutreffen sind Rotschenkel, Feldlerche, Pfeifente, Goldregenpfeifer, Krickente, Schwan, Möwe, Graugans und Kampfläufer. All diese (kleineren) Vögel ziehen natürlich auch Raubvögel wie Bussarde und Falken an, die immer wieder zu sehen sind.

Nach dem einheimischen Namen für die Uferschnepfe, **Marel**, ist das sehr beeindruckende **Naturzentrum** von Waalenburg benannt. Interessierte können sich über das Naturschutzgebiet und die dort vorkommenden Vögel erkundigen, Exkursionen buchen, Kaffee trinken und Vogelbücher („Vögel auf Texel“, auch auf Deutsch), Vogelhäuschen und -futter, Ferngläser und kleine Geschenke (auch für Kinder) kaufen. Kleinen Naturfreunden stehen Malvorlagen und Puzzles zur Verfügung. Vor dem Naturzentrum gibt es einen wunderbaren **Wildspielplatz** (nur mit Bäumen und Wasserläufen) namens Oerrr, auf dem Kinder sich austoben können. Außerdem starten am Naturzentrum mehrere **Wanderwege** durch das Naturgebiet.

› **Natuurcentrum De Marel** <114> Nieuwlanderweg 38, De Waal, geöffnet: Di.–Sa. 10–17, So. 11–17 Uhr, Eintritt frei

39 Eendenkooi (Entenkoje) Spang ★ [E6]

Gleich mehrere Entenkojen gab es einst auf Texel, eine davon hat die Naturschutzorganisation Natuurmonumenten wieder hergerichtet. Ein **Infohäuschen** gibt Auskunft über die Funktion einer Entenkoje: Auf einem Gewässer, einem Teich o. Ä., siedelte man zahme Enten an, die als Lockvögel für Wildenten dienten. Ließen sich Letztere auf dem Wasser nieder, wurden sie in Reusen gelockt und gefangen. Sie waren eine willkommene Abwechslung auf dem eher fischlastigen Speisezettel der Insulaner.

› **Anfahrt:** Dijkmanshuizen, geöffnet: Ende April–September Sa. 12.30–16.30 Uhr

40 Hoge Berg ★★★ [D7]

Der Hoge Berg, zwischen Den Burg und Oudeschild gelegen, befindet sich in einer zauberhaften **Hügellandschaft** mit idyllischen Reetdachhäusern, Schafweiden und Wiesen. Berenzt sind die Landstücke von den für Texel typischen **Grassodenwällen**, von Gras bewachsenen Lehmbodenaufschüttungen. Diese Gegend wird auch als „Altes Land“ bezeichnet, denn im Gegensatz zu vielen anderen Gebieten auf Texel wurde die schöne und ursprüngliche Landschaft rund um den Hoge Berg in den 1950er-Jahren von der Flurbereinigung verschont.

Ganze 15,30 Meter ist der „hohe Berg“ hoch. Es handelt sich dabei um eine aus der Eiszeit übriggebliebene Lehmaufschüttung, denn Texel ist – im Gegensatz zu den anderen Watteninseln – schon immer Land gewesen. Die Insel rund um den hohen Berg bot über viele Jahrhunderte der Küstenlinie Hollands Schutz

057tx-ug

vor Sturmfluten. Heute dagegen wird der Hoge Berg geschützt, denn die Stiftung Natuurmonumenten nahm ihn unter ihre Fittiche und errichtete dort das einzige **Insektenreservat** der Niederlande: **De Zandkuil.** Es ist nicht frei zugänglich, aber am Hoge Berg gibt es genug zu sehen, wie beispielsweise den Friedhof der Georgier mit den Gräbern derer, die während des Aufstands (s. S. 48) ums Leben kamen.

› **Anfahrt:** Am besten geht man zu Fuß oder man fährt mit dem Fahrrad. Man parkt dann in der Nähe der Brauerei und von dort geht es über das Skillepaadje zum Hoge Berg.

› **Pause:** Die Texelse Bierbrouwerij 24 grenzt an das Gebiet des Hoge Berg. Dort kann man sich in der Wirtsstube oder im Biergarten bei einem kühlen „Skuumkoppe" stärken oder beim „Brauerei-Erlebnis" hinter die Kulissen des Brauprozesses blicken.

Das Wattenmeer

Eine der weltweit einzigartigsten Landschaftsformen beginnt bei Texel: das Wattenmeer, das von der UNESCO zum Weltnaturerbe ernannt wurde. Es erstreckt sich von Texel über die niederländische und deutsche Nordseeküste bis hinauf nach Dänemark.

Das Wattenmeer hat seinen eigenen Rhythmus, sein eigenes Gesicht. Am besten sieht man den **Rhythmus der Gezeiten** im Osten der Insel vom Lancasterdijk aus. Wo vor ein paar Stunden nach ein Boot vor Anker lag und friedlich vor sich hindümpelte, kann es ein paar Stunden später auf dem trockenen Meeresboden liegen – die Ebbe hat ihm das Wasser unter dem Bug weggesogen.

Die Ebbe bietet die Möglichkeit, einen **Spaziergang ins Watt** zu unternehmen. Doch aufgepasst: Das Wattenmeer ist trügerisch und deshalb sollte man nie ohne professionelle Begleitung aufbrechen. Wer die Möglichkeit hat, mit einem **Wattführer** ins Watt zu gehen (Ecomare 9 bietet Führungen an), der bekommt einige der Wattbewohner zu Gesicht. Unglaublich, was sich alles dort versteckt: In einem einzigen Quadratmeter Meeresboden leben über 100.000 Wattschnecken, rund 40.000 kleine Krebse, Hunderte von Herzmuscheln und fünfzig Wattwürmer *(zeepier)*. Letztere sind auch die Verursacher der spaghettiförmigen Sandhügel – es sind ihre Ausscheidungen.

Muscheln, Würmer und Krebse sind ein gefundenes Fressen für die rund zehn bis zwölf Millionen **Zugvögel**, die jedes Jahr das Wattenmeer überqueren. Austernfischer, Löffler, Säbelschnäbler und Strandläufer finden hier immer einen reich gedeckten Tisch.

Doch nicht nur im Meeresboden, sondern auch im Wasser leben viele verschiedene Tierarten wie die **Kegelrobbe**, der **Gemeine Seehund** und der wie ein Delfin aussehende **Schweinswal**. Bei Ebbe kann man die Robben und Seehunde auf den Sandbänken beobachten. Es werden außerdem spezielle Bootstouren zu den Seehundbänken von den Ausflugsbooten in Oudeschild 19 angeboten.

Der Himmel über dem Wattenmeer zeigt sich oft von seiner spektakulären Seite

Bei Ebbe zieht sich das Meer zurück und Teile des Wattenmeers fallen trocken

055tx-ug

Seehunde im Wattenmeer

Einige Texel-Besucher können die ersten Robben bereits während der Überfahrt mit der Fähre von Den Helder nach Texel entdecken, vor allem bei Ebbe, wenn die Tiere auf den Sandbänken liegen.

Im Wattenmeer rund um die Insel kommen hauptsächlich zwei Robbenarten vor: der Gemeine Seehund und die Kegelrobbe. Die **Kegelrobbe** verdankt ihren Namen der kegelförmigen Schnauze. Aufgrund ihres grau gefleckten Fells wird sie auch Grauer Seehund genannt. Jungtiere kommen übrigens mit einem weißen Fell zur Welt. Auf einer Sandplatte südlich von Texel lebt eine Gruppe von rund 50 Kegelrobben, eine weitere Gruppe kann man in der Meerenge zwischen Texel und Vlieland finden. Insgesamt schätzt man die Zahl der im niederländischen Wattenmeer vorkommenden Kegelrobben auf über 7600 (Stand 2023).

Noch häufiger kommt im Wattenmeer der **Gemeine Seehund** vor, der zwar ganz harmlos und lieb aussieht, aber zu den Raubtieren zählt. Also Vorsicht, wenn man ihm am Strand begegnet, denn seine Zähne sind äußerst scharf. Im niederländischen Wattenmeer leben rund 10.500 Gemeine Seehunde (Schätzung 2023). Auf Texel kann man sie sowohl an der Nordsee- als auch an der Wattenmeerküste sehen, u. a. in der Nähe des Leuchtturms. Auch beim Schwimmen kommt es vor, dass man in der Ferne einen „Mitschwimmer" mit großen braunen Augen entdeckt. Bei Ebbe werden die Sandbänke rund um Texel regelmäßig von Robben belagert.

Um die Robben und Seehunde im Wattenmeer war es nicht immer so gut bestellt wie heute. In den 1950er-Jahren durften Seehunde noch gejagt werden, was ihre Anzahl stark dezimierte. Später – als die Jagd verboten war – sorgte durch PCB (ein Weichmacher) verseuchtes Meerwasser dafür, dass es weniger Nachwuchs gab. Inzwischen ist auch PCB verboten, doch 1988 und 2002 brachen **Virusepidemien** aus. Im Sommer 2003 wurden im niederländischen Wattenmeer nur noch 2350 Gemeine Seehunde gezählt – die Hälfte war von dem Virus infiziert und verendete. Die Kegelrobbe war sogar ganz verschwunden. Inzwischen haben sich die Populationen wieder erholt, dennoch werden immer wieder erkrankte Seehunde ins Auffangzentrum von Ecomare 9 gebracht.

Dösen auf der Sandbank: Robben fühlen sich im Wattenmeer wohl

093tx-ec © Salko de Wolf

058tx-ug

Baden

Mit 30 Kilometern Strand hat Texel so einiges zu bieten. Entlang der ganzen **Westküste** erstreckt sich feinster Sandstrand, an den sich Dünen anschließen. Am breitesten ist er im Norden der Insel, beim Leuchtturm ⓬ von De Cocksdorp, wo man bei Ebbe fast einen halben Kilometer gehen muss, um seine Füße ins kühle Nass stecken zu können.

Selbst in der Hochsaison findet man noch ein ruhiges Fleckchen, eventuell muss man dafür ein paar Minuten Fußmarsch in Kauf nehmen. Sehr **ruhige Strände** gibt es im Süden der Insel zwischen Mokbaai und Paal 9 sowie weiter im Norden zwischen Paal 22 und Paal 27, wo die Naturschutzgebiete De Muy und De Slufter an den Strand grenzen. Um dorthin zu gelangen, ist man zu Fuß allerdings eine Zeit unterwegs. Auch gibt es an den Strandabschnitten der Naturschutzgebiete keine **Strandrestaurants** oder öffentlichen **Toiletten.**

◁ *Vorseite: Texel verspricht unbegrenztes Bade- und Wandervergnügen*

▽ *Strandhäuschen werden auch an Touristen vermietet*

110tx-ug

Schwimmen

Man darf überall im Meer schwimmen, mit Ausnahme an den Stränden im Norden zwischen Paal 31 und 33. Dort – zwischen Texel und Vlieland – ist die Strömung zu stark und das **Schwimmen** damit **gefährlich.**

Die **beliebtesten Strände** liegen rund um De Koog, beispielsweise bei Paal 17. Dort gibt es gute Strandrestaurants und auch ein großes Wassersportangebot. Außerdem sind die Strandabschnitte gut mit dem Auto oder öffentlichen Verkehrsmitteln erreichbar.

Die **Ostküste** von Texel grenzt an das Wattenmeer. An dieser Seite der Insel gibt es nur einen einzigen kleinen Strand, den sogenannten **Wattenstrand** am Jachthafen von Oudeschild. Ansonsten zieht sich entlang der Ostküste ein befestigter Deich. Auch wenn man hier keine Sandstrände findet, hat dieser Küstenabschnitt durchaus seinen Reiz, denn die **Gezeiten** hinterlassen ihre Spuren und bei Ebbe kann man über den Meeresboden laufen. Wer wissen möchte, wann Ebbe und wann Flut ist, kann an der Rezeption seines Hotels oder Campingplatzes nachfragen oder unter www.texel.net nachsehen.

Die Strände auf Texel haben **keine Namen,** sondern werden nach ihren Strandaufgängen benannt, zum Beispiel **Paal** 17. Dieses System wurde vom Rijkswaterstaat (Amt für Wasserwirtschaft) eingeführt und sorgt für eine Aufteilung in Zonen.

Die **FKK-Strände** der Insel liegen bei Paal 9 (De Hors) und Paal 27 (De Slufter). Diese Strandabschnitte sind nicht bewacht. **Baden** darf man überall, außer im Norden zwischen

Paal 31 und Paal 33, denn dort ist die Strömung zu stark und Schwimmen daher lebensgefährlich. In den Sommermonaten sind die meisten Strände bewacht (Paal 10, 12, 15, 17, 19, 20, 21 und 28). Die **Wasserqualität** des Meeres ist hervorragend, auch wenn man sich aus Kostengründen nicht für die Blaue Flagge „beworben" hat. Nur der Jachthafen von Oudeschild hat sich mit der Blauen Flagge auszeichnen lassen, ein Zeichen für die Einhaltung strenger Sicherheitsrichtlinien. Die **Wassertemperatur** liegt durchschnittlich im Juli bei 15 Grad, im August und September bei 17 Grad. Aufgrund der **Strömung** sollte man nicht mit Luftmatratzen oder Schlauchbooten ins Meer gehen.

Fast an allen Stränden stehen die für Texel typischen **Strandhäuschen**, einfache Holzhütten mit einer großen Tür und einem spitz zulaufenden Dach. Viele der Einheimischen besitzen ein eigenes, aber auch Touristen haben die Möglichkeit, sich während des Urlaubs ein Strandhaus zu mieten, um dort Badesachen, Liegestühle, Sonnenschirme unterzubringen. So bietet beispielsweise das Grand Hotel Opduin (s. S. 40) Hotel-Arrangements inklusive Strandhäuschen an. Aber auch Vermieter direkt am Strand oder Strandrestaurants bieten Strandhütten an. Sie sind beispielsweise an den folgenden Strandzugängen zu mieten: Paal 9, 12, 15, 19, 20, 21, 28 und 33. Zwischen Herbst und Frühjahr werden die Häuschen vom Strand geholt und eingelagert. Die Sturmfluten könnten zu großen Schaden anrichten.

Wer mit dem **Auto** zum Strand möchte, der findet an folgenden Strandabschnitten Parkmöglichkeiten: Paal 9, 12, 15, 17, 20, 21, 28 und 33 (immer kostenpflichtig).

Löcher buddeln

Man sieht sie immer wieder am Strand: seltsame Ausbuchtungen mit einem Durchmesser von circa zwei Quadratmetern, umgeben von einem kleinen Ringwall. Dieser ist künstlerisch mit Muscheln und Stöckchen verziert. Ein unverwechselbares Kunstwerk und Bollwerk gegen den Wind zugleich. Für alle Holländer ein untrügliches Zeichen: Hier waren Deutsche am Werk, denn in holländischen Augen gibt es keinen deutlicheren Hinweis auf die deutsche Herkunft eines Urlaubers als die Tatsache, dass sie „kuilen graven" („Gruben graben").

Ich gebe zu: Auch meine erste Aktion an einem Sandstrand ist häufig das Buddeln gegen den Wind. Diese deutsche Eigenart wird immer wieder ausgiebig in niederländischen Internetforen oder in Zeitungsartikeln besprochen. Eine niederländische Zeitung glaubte einen Rückgang der deutschen „kuilen" bemerkt zu haben. Als Grund führte man die besseren Einkommensverhältnisse an, die nun das Kaufen oder Mieten eines Windschutzes erlauben würden.

Grube hin, Grube her, Deutscher oder Niederländer – das Magazin der technischen Universität Delft hat einen Tipp: Die Wände der Grube sollten einen Neigungsgrad von 30 bis 40 Prozent aufweisen, um die Einsturzgefahr zu verkleinern. In der Tat werden in den Sandgruben nämlich immer wieder Kinder verschüttet. Und man sollte die Grube am Abend bitte wieder zuschütten, sodass Spaziergänger in der Nacht sicher über den Strand laufen können.

Wassersport

Wind- und Kitesurfen

In ganz Holland ist Texel als Surfrevier bekannt. Kein Wunder, stammt doch der bekannte Surfer Dorian van Rijsselberghe von der Insel: Geboren wurde er im Jahr 1988 in Den Burg. 2011 und 2018 wurde er Weltmeister im **Windsurfen**, 2012 und 2016 gewann er olympisches Gold. Er ist der Insel noch immer verbunden und die Insel ihm.

Wer sich selbst Wind und Wellen stellen möchte, der kann dies im Prinzip entlang der ganzen Nordseeküste, wobei wegen der starken Strömungen vom äußersten Süden und Norden abzuraten ist. Die beliebtesten Surfspots sind Paal 17 bei Ecomare (9) und Paal 20 bei De Koog (8).

Da Texel nicht nur die meiste Sonne, sondern auch den meisten Wind der ganzen Niederlande haben soll, kann man hier auch sehr gut **Kitesurfen.** Dies ist allerdings nicht überall erlaubt, sondern nur an den Strandabschnitten zwischen Paal 28 und 32 sowie zwischen Paal 17 und Paal 19. Auch das Wattenmeer im Osten der Insel ist ein beliebtes Revier für Kitesurfer. Zwischen Oudeschild (19) und Oosterend (15) befindet sich ein guter Spot, der bei Ost- bzw. Nordostwind sehr gefragt ist. Weht der Wind aus östlicher bis südlicher Richtung, treffen sich die Kitesurfer südlich von Oudeschild. Bitte beachten: Beim Surfen im Wattenmeer immer **Schuhe tragen,** denn die Schalenränder der Japanischen Auster sind messerscharf. Wer Kitesurfen lernen möchte, kann hier einen Kurs besuchen:

› **Kitesurfschule Texel** <115> Paal 17, De Koog, bei Ankunft am Strand nach rund 250 Meter rechts, Tel. 06 10971992, www.windsurfschooltexel.nl. Ein Einführungskurs kostet ca. 95 € pro Person, es werden auch Privatstunden und Intensivkurse an mehreren Standorten angeboten. Weht mal kein Wind, dann lässt man sich etwas anderes einfallen, z. B. Mountainbiken.

090tx-ug

Wellenreiten

Die älteste und bekannteste Form des Surfens ist das Wellenreiten. Und das geht auf Texel besonders gut, denn häufig sorgt der Wind für eine gute Welle. Ideal also, um es selbst einmal auszuprobieren. Folgende Surfschulen bieten Kurse in kleinen Gruppen oder Privatstunden an, auch in deutscher Sprache:

■ **Surfschule Foamball** <116> Strand bei Paal 19, De Koog, Tel. 06 24632238, www.surfschoolfoamball.nl, geöffnet: tägl. 10–18 Uhr. Erik und Beau sind begeisterte Surfer und geben seit mehr als zehn Jahren Surfunterricht. Ihre Surfschule liegt am südlichen Strandabschnitt von De Koog. Schnupperstunde rund 30 €.

Auf der Suche nach der perfekten Welle

❯ **Surfschule Texel** <117> Strand bei Paal 17, De Koog, Tel. 06 10956959, www.surfschool-texel.nl, geöffnet: in der Nebensaison jedes Wochenende und an Feiertagen, im Juli und August täglich von 10.30–18 Uhr. Es werden auch Surfbretter und Neoprenanzüge verliehen.

Zudem kann man auf der Insel (im Wattenmeer) auch **E-Foilen:** Anstelle eines Segels wird das Surfbrett von einem kleinen Motor angetrieben und schwebt dadurch über dem Wasser. Empfehlenswert ist Texel Active:

❯ **Texel Active** <118> Gerritslanderdijkje 2, Den Burg, Tel. 0222 441155, www.texelactive.nl, geöffnet: Di.–So. 9–18 Uhr, Einzelunterricht 140 €, zu zweit 160 €

Tauchen

Rund um Texel liegen Hunderte von Schiffswracks auf dem Meeresboden. Die Reede von Texel war ein beliebter Ankerplatz für die Schiffe der Vereinigten Ostindischen Compagnie (s. S. 62), bei Sturm blieben sie allerdings nicht immer unbeschadet. Im Museum Kaap Skil (22) gibt es eine eigene Abteilung für Unterwasserarchäologie, die die Funde vom Meeresboden präsentiert.

Der Tauchclub Texel fährt mit einem eigenen Boot regelmäßig hinaus, um nach diesen Wracks zu tauchen. Gäste sind willkommen, müssen aber entsprechende Voraussetzungen mitbringen (Tauchschein, Taucherfahrung in dunklem, fließenden Wasser, eigene Tauchausrüstung, medizinisches Tauchattest).

■ **Duikclub Texel** <119> Distelvlinder 35, Den Burg, www.duikclubtexel.nl

061tx-ug

Katamarane am Strand von De Cocksdorp

Segeln und Bootfahren

Segeln mit einem Katamaran bietet die Segelschule De Eilander im Norden der Insel an – mit wunderbarem Blick auf den Leuchtturm. An der Küste dort gibt es eine brandungsfreie See, was das Erlernen des **Katamaransegelns** um Einiges erleichtert. Auf dem Programm stehen (Halb-) Tages- und Wochenkurse sowie Einzeltraining. Außerdem kann man den VDWS-Katamaranschein erwerben. Es ist auch möglich, sich einen Katamaran auszuleihen. Die Kosten hierfür betragen 45 € pro Stunde.

❯ **Segelschule De Eilander** <120> Paal 33, De Cocksdorp, Tel. 06 20634413, www.deeilander.nl

Es muss ja nicht immer eine moderne Jacht mit weißen Segeln sein. Wer einmal auf einem **Lotsenkutter** aus dem Jahr 1906 mitsegeln möchte, der kann das auf der Texelstroom ausprobieren. Gut zu wissen: Man kann auf dem Schiff auch übernachten.

■ **Texelstroom** <121> im Hafen von Oudeschild (20), anmelden unter Tel. 06 51794992, www.texelstroom.nl, 35 € für 2 Stunden

Wandern

Texel ist ein Paradies für Wanderer. Rund 180 Kilometer Wanderwege hat die Insel zu bieten. Davon sind allerdings zehn Prozent während der **Brutsaison** nicht begehbar.

Darüber hinaus gibt es noch die Möglichkeit, am 30 Kilometer langen Strand eine Wanderung zu unternehmen. An den Strand schließt sich der **Nationalpark Dünen von Texel** an, der in verschiedene Teilbereiche aufgeteilt ist. Dazu gehören beispielsweise die Naturschutzgebiete De Muy 33, De Slufter 34 und Eierland 35, durch die viele **markierte Wanderwege** führen. Sie sind mit Pfählen gekennzeichnet, deren bunte Enden eine jeweils andere Bedeutung haben:

- **Pfahl mit gelbem Kopf:** Streckenwanderweg
- **Pfahl mit blauem Kopf:** Rundwanderweg
- **Pfahl mit grünem Kopf:** Weg durch ein Ruhegebiet, nicht zugänglich vom 1. März bis 16. August
- **Pfahl mit rotem Kopf:** Naturlehrpfad

Wanderung 1: De Slufter

Eigentlich ist dies gar keine richtige Wanderung, sondern eher ein Spaziergang. Aber eine Tour durch das Naturschutzgebiet ist einfach ein Muss. Egal ob Texel-Neuling oder Wiederkehrer – die meisten Besucher schauen während ihres Aufenthalts beim Slufter vorbei. Und so sieht man hier **Familien** entlanglaufen, Kinder mit Fischernetzen, Blumenfreunde mit Blumenbestimmungsbüchern, Vogelexperten mit Ferngläsern, Hundebesitzer mit ihrem Vierbeiner – für jeden gibt es etwas zu entdecken.

Die weite Ebene, die sich zwischen den Dünen erstreckt, ist ein Gebiet, das durch einen Deichdurchbruch entstand und in das die Nordsee noch heute ungehindert eindringen kann. Dadurch wird der Slufter auch von den Gezeiten beeinflusst – mal ist der Dünensee riesengroß, dann bei Ebbe wieder viel kleiner. Der **Spaziergang** beginnt am Parkplatz (kostenfrei). Dann geht es zu Fuß erst einmal die Düne hoch, von wo aus man einen herrlichen Blick bis zum Meer hat. Für Rollstuhlfahrer und Familien mit Kinderwagen gibt es anstatt Treppen einen Weg. Auf der Düne befindet sich ein Aussichtspunkt mit Fernrohr und Sitzbänken. Von dort aus führt der Weg nach unten in die

- **Charakter:** leichter Weg – teilweise auf befestigten oder unbefestigten Wegen
- **Ausgangs- und Endpunkt:** Parkplatz Slufterweg [D3]
- **Länge:** Abstand zwischen Parkplatz und Meer rund 2 Kilometer, hin und zurück umfasst der Spaziergang rund 4 Kilometer. Man kann ihn um eine Wanderung durch das Naturschutzgebiet De Muy (s. Wanderung 2, s. S. 95) ergänzen.
- **Dauer:** 1 Stunde
- **Einkehr:** Am Ausgangs- und Endpunkt beim Parkplatz befindet sich das Café-Restaurant De Slufter (s. S. 81)
- **Hunde** müssen an der Leine bleiben.
- **Variante:** Man kann die Tour auf 9,6 Kilometer ausdehnen und das Naturschutzgebiet De Muy 33 mit einbeziehen.

Routenverlauf im Inselplan

Die hier beschriebenen Wanderungen 1 bis 5 sind mit einer farbigen Linie im Inselplan eingezeichnet.

Salzwiesen, durch die ein befestigter Weg führt. Doch man kann sich auch auf eigene Faust seinen Weg durch die Wiesen und Wasserläufe suchen. Gummistiefel sind dann – vor allem für Kinder – von Vorteil.

Wer etwas mehr Herausforderung sucht, kann den Spaziergang durch den Slufter um **Wanderung 2** erweitern. Man legt dann rund 9,6 Kilometer zurück.

Wanderung 2: De Muy und De Slufter

Keine Autos weit und breit, aber auch kein Café zum Einkehren, dafür Natur so weit das Auge reicht. Wer sich diese Wanderung vornimmt, wird mit einer Vielfalt an verschiedenen Landschaften belohnt: Heide, Dünen, Weiden, Strand und Salzwiesen.

Der Rundweg beginnt am Parkplatz am Ende des Muywegs. Von dort sind es nur ein paar Meter zum Eingang des Naturschutzgebietes De Muy (ausgesprochen „de moi“). Nun führt der Weg links weiter an den Feuchtgebieten und Wasserläufen der Dünentäler entlang, in denen **Galloway-Rinder** Abkühlung suchen. Die Rinder und die Schafe sorgen dafür, dass das Gebiet gut abgegrast wird. An einigen Stellen gibt es **Froschteiche**, in denen das Gequake auch mal richtig laut werden kann. Außerdem kann man in De Muy viele **Singvögel** wie Amsel, Zilpzalp oder Mönchsgrasmücke finden. Aber auch Löffler, Kormorane, Reiher, Rohrweihen und Schilfrohrsänger lassen sich hier gern nieder.

- **Charakter:** Grundsätzlich leicht, allerdings führen einige Treppen nach oben zur Aussichtsdüne und ein langes Stück geht am Sandstrand entlang, was auf Dauer ermüdend sein kann. Aufgrund des Windes und der Sonne sollte man Sonnenschutz und eine windabweisende Jacke mitnehmen. Ein Fernglas ist für alle empfehlenswert, die Vögel beobachten möchten.
- **Ausgangs- und Endpunkt:** Parkplatz Muyweg [C4]
- **Länge:** 9,6 Kilometer auf befestigten Wegen und durch den Sand. Man kann auch nur den Rundweg durch das Naturschutzgebiet De Muy wählen.
- **Dauer:** 2 Stunden
- **Einkehr:** Keine Einkehrmöglichkeit, auf der Aussichtsdüne Bertusnol gibt es einen Tisch und zwei Bänke für ein Picknick. Eigene Getränke und evtl. Brotzeit mitnehmen.
- **Hunde** müssen an der Leine bleiben.

Im Sommer am liebsten barfuß: Strandwanderungen

Am blau markierten Pfahl geht der Weg rechts ab zur **Aussichtsdüne Bertusnol.** Von dort aus folgt man dem Weg Richtung Strand. Nun geht die Wanderung einige Kilometer am ruhigen Strandabschnitt zwischen De Muy und De Slufter entlang. Hier gibt es keine Strandrestaurants und nur wenige Besucher. Dafür sieht man immer wieder mal bunte, mit Strandgut dekorierte Holzpfähle. Die Strandwanderung endet am breiten und weißen **Sandstrand,** der den Eingang zum Naturschutzgebiet De Slufter erkennen lässt. Nun biegt man rechts ab und durchquert das **Dünental** des Slufter. Dabei hält man sich rechts und folgt dem schmalen Pfad durch die Dünen, der dann rechts zurück ins Naturschutzgebiet De Muy führt. Im Frühling wachsen auf den Feuchtwiesen unzählige wilde Orchideen. Die Wanderung endet am Ausgangspunkt.

Wanderung 3: 't Allo

Der 4,5 Kilometer lange **Rundwanderweg** startet beim Ecomare und führt durch ein sehr abwechslungsreiches Gebiet mit Dünen, Wäldern und Wiesen. Dabei kommt man auch an verschiedenen Vogelbrutgebieten und sogar an einem **Schmetterlingsgarten** vorbei. Die Strecke ist auch für Menschen mit einer Sehbehinderung und Rollstuhlfahrer geeignet. Es stehen Informationsschilder in Blindenschrift zur Verfügung. Da der Weg rollstuhlgeeignet ist, ist er auch für Familien mit Kinderwagen sehr gut zugänglich.

- **Charakter:** gut befestigter Fußgängerweg
- **Ausgangs- und Endpunkt:** Parkplatz Ecomare [B6]
- **Länge:** 4,5 Kilometer, kann auf 2,7 Kilometer verkürzt werden
- **Dauer:** 1 Stunde
- **Einkehr:** Unterwegs gibt es keine Einkehrmöglichkeit, allerdings stehen entlang der Route mehrere Picknickbänke zur Verfügung. Nach der Wanderung empfiehlt sich ein Besuch des nahegelegenen Strandrestaurants Paal 17 (s. S. 42).
- **Anfahrt:** Parkplatz Ecomare 9
- **Hunde** müssen an der Leine bleiben, dürfen allerdings am Strandabschnitt frei laufen.

Nachdem man sein Auto auf dem Parkplatz von Ecomare 9 abgestellt hat, überquert man die Straße und passiert ein Gatter, hinter dem der Wanderweg beginnt. Es geht erst leicht bergauf durch die Heidelandschaft und die Dünen. Auf einem Dünenrücken sieht man an der rechten Seite eine Skulptur von **J.P. Thijsse,** einem Lehrer und unermüdlichen Naturschützer, der sich dafür eingesetzt hat, dass die Dünen von Texel zum Nationalpark erklärt wurden. Der Weg führt weiter durch einen **Wald,** der zwischen 1928 und 1940 angepflanzt wurde – ursprünglich als reiner Nadelwald, später kamen Eichen und andere Laubbäume hinzu. Es duftet wunderbar nach Wald und Nadelbäumen, zudem ist man hier gut vor dem vom Meer wehenden Wind geschützt.

Die Route führt weiter am **Maartenhuis** vorbei, einer Wohn- und Arbeitsgemeinschaft für Menschen mit Behinderung. Weil hier Schafe weiden, muss man mehrere Gatter passieren, Hunde müssen hier an die Leine. Zum Maartenhuis gehört ein **Schmetterlingsgarten** (Vlindertuin), in dem Bäume und Sträucher angepflanzt wurden, die bei Schmetterlingen sehr beliebt sind.

Hinter dem Schmetterlingsgarten erstrecken sich **Dünentäler** mit Wasserläufen, in denen Frösche Unterschlupf gefunden haben. Außerdem tummeln sich auf den Wiesen Enten, Gänse und Weidevögel. Im angrenzenden Laubwaldgürtel mit Bachlauf wachsen unzählige Blumen, im Frühjahr Schneeglöckchen, später Waldhyazinthen. Neben dem Waldgebiet befindet sich **'t Allo**, ein ehemaliger **Dünensee**, heute allerdings ohne Verbindung zum Meer. Ein Aussichtspunkt eröffnet den Blick über den kleinen See, der ein Brutgebiet für Sumpfvögel bietet. Um den See herum wachsen wilde Orchideen und Sumpfblumen, z. B. Fieberklee und Sumpf-Blutauge. Von hier aus geht es ein Stück an der Straße entlang zurück zum Parkplatz.

Wanderung 4: Bleekersvallei

Der Rundgang führt durch das Bleekersvallei, ein breites **Dünental**, das früher die Bleicher auf ihrem Weg zu den Bleichwiesen durchquerten. Letztere lagen südlich des Bleekervalleis und im Museum Waelstee 6 in De Waal zeigt noch heute ein altes Gemälde, wie auf Texel bis ins Jahr 1776 großflächig Leinenstoffe gebleicht wurden.

Heute läuft man auf **Naturpfaden** (Erde, Muscheln, Holzspäne und teilweise asphaltierte Wege) durch Wald,

- **Charakter:** Rundweg, leichter, gut befestigter Fußgängerweg
- **Ausgangs- und Endpunkt:** Randweg, Den Burg [B6]
- **Länge:** 2,5 Kilometer
- **Markierung:** blaue Pfähle
- **Dauer:** 40 Minuten
- **Einkehr:** keine Einkehrmöglichkeit
- **Hunde** müssen angeleint sein.

Fernglas und Fotoapparat nicht vergessen – es gibt viel zu entdecken

063tx-ug

Dünen und Heide, wobei man einen weiten Blick über die Dünen hat. Besonders schön ist es hier im Spätsommer, wenn die Heide die Landschaft lila färbt. Der Weg, der größtenteils durch die Dünen geht (bei Sonne eventuell eine Kappe und Sonnenschutz mitnehmen), wird von Weißdorn, Brombeeren und Strandhafer gesäumt. Erst das letzte Stück des Rundwegs führt durch den Wald De Dennen. Als Orientierung dienen dem Spaziergänger Pfähle mit blauen Enden.

- **Charakter:** leichter Weg
- **Ausgangs- und Endpunkt:** Pelikaanweg, De Koog [B6]
- **Länge:** 1,5 Kilometer
- **Markierung:** Rundwanderweg, gekennzeichnet mit braunen Hinweis- und Informationsschildern
- **Dauer:** 30 Minuten
- **Einkehr:** keine Einkehrmöglichkeit, aber Picknicktisch mit Sitzgelegenheiten

Wanderung 5: Der Sommeltjespad mit Kindern

Der Sommeltjespad ist ein **Spazierweg**, der sich vor allem für Familien mit kleinen Kindern eignet, denn der Weg wird von den *Sommeltjes* gesäumt. Sie sind kleine **Fabelwesen**, die der Legende nach im Wald leben und nur nachts aktiv sind. Wenn sie mit dem Sonnenlicht in Kontakt kommen, verwandeln sie sich in Steine. Ihr Zuhause ist eigentlich De Waal 5, aber im Waldgebiet De Dennen 32 scheinen sie sich auch wohlzufühlen. Die kleinen Erdmännchen aus Holz und Stein haben sich überall im Wald versteckt. Wer kann sie entdecken?

Wanderung 6: Kleine Runde rund um den Käsebauernhof

Diese Wanderung ist ein Highlight für Kinder, denn dabei dürfen sie mit einem **kleinen Floß** am Seil einen Bach überqueren. Die Wanderroute mit dem Namen **Skéép en Lantskap-Pad (Schaf- und Landschaftspfad)** startet und endet beim **Käsebauernhof**

120tx-ug

- **Charakter:** leichter Weg
- **Ausgangs- und Endpunkt:** Käsebauernhof Wezenspyk (s. S. 111), Den Burg [C7]
- **Länge:** 3 Kilometer
- **Markierung:** Rundwanderweg
- **Dauer:** 60 Minuten
- **Einkehr:** Café beim Käsebauernhof Wezenspyk

Wezenspyk (s. S. 111) – ideal, denn dort gibt es etwas zu essen und zu trinken und die Kinder können sich die Schafe sowie die Käserei ansehen. Die Route ist ausgeschildert und führt durch den Polder von Wezenspyk sowie über den Deich.

Weitere Aktivitäten

Fallschirmspringen

Ein Fallschirmsprung ist schon fast ein Muss für Texel-Besucher. Der Ablauf ist ganz einfach: Bei schönem Wetter findet man sich morgens auf dem Flugplatz ein, kämpft ein paar Minuten mit seinem inneren Schweinehund, fasst dann den ganzen Mut zusammen, bezahlt die Kosten für den Sprung und sitzt nach einer Einweisung von rund einer Viertelstunde im kleinen Flieger. Dann gibt es kein Zurück mehr, sondern nur noch ein „raus aus dem Flugzeug". Aus mindestens 3000 Metern geht es – angeschnallt an den sogenannten Tandem-Master – zu zweit durch die Lüfte. Für Skydiver ist es das ultimative Freiheitsgefühl, mit rund 200 Stundenkilometern dem Erdboden entgegenzufallen. Erstaunlich viele Touristen bringen den Mut dazu auf: Angeblich war der jüngste Springer 5 Jahre und der älteste 93 Jahre alt.

- **Paracentrum Texel** <122> Flugplatz Texel, Postweg 128, zwischen Den Burg und De Cocksdorp, Tel. 0222 311464, www.paracentrumtexel.nl, geöffnet: tägl. 9–17 Uhr, Nov.–März nur Sa. Kosten für einen Tandemsprung: ab 170 €.

Golf

Golfspielen mit dem Rauschen des Meeres und dem Zwitschern der Vögel in den Ohren – das geht auf Texel, denn der **18-Loch-Golfplatz** liegt inmitten der Dünen. Der vom Meer herüberwehende Wind sorgt für eine zusätzliche Herausforderung. Der Golfplatz wird auch oft mit den englischen Golfplätzen verglichen, denn er gehört zu den sogenannten **Links-Plätzen**, die auf salzhaltigem Sandboden

112tx-ug

◁ *Hier geht's lang: Die Wander- und Radwege auf Texel sind gut ausgeschildert*

▷ *Texel für Mutige: Viele Besucher probieren einen Tandemsprung aus*

065tx-ug

Am besten lässt sich die Insel mit dem Fahrrad erkunden

liegen und somit das ganze Jahr über gut bespielbar sind. Es werden auch Schnupperkurse und Arrangements in Kooperation mit dem Ferienpark De Krim (s. S. 52) und dem Hotel Molenbos (s. S. 53) angeboten.

› **Golfbaan De Texelse** <123> Roggeslootweg 3, De Cocksdorp, Tel. 0222 316539, www.texelse.nl

Kartfahren

In Den Burg gibt es eine empfehlenswerte Outdoor-Kartbahn:

› **Karting Texel** <124> Akenbuurt 14, Den Burg, Tel. 0222 313921, www.kartingtexel.nl, geöffnet: Juli, Aug. tägl. 10–18, Sept.–Juni Mi.–So. 10–18 Uhr. Eine 500 Meter lange Strecke im Freien lädt große und kleine Rennfahrer zum Kartfahren ein – mit Geschwindigkeiten bis zu 70 km/h. Kosten: ab 20 €.

Radfahren

Gute Nachrichten: Die niederländische Fahrrad-Stiftung zeichnete Texel mit der Höchstnote von fünf Sternen aus. Damit gilt die Insel als **beste Fahrradregion der Niederlande.** Die Fahrradwege mit einer Gesamtlänge von 170 Kilometern versprechen ein uneingeschränktes Radelvergnügen. Sie führen durch traumhafte Dünenlandschaften, durch das Waldgebiet De Dennen, zu den Stränden oder auf dem Deich entlang des Wattenmeeres. Und immer wieder laden Cafés zu einer Pause ein.

Holland wäre nicht das Fahrradland Nummer eins, wenn hier nicht alles auf Radfahrer ausgerichtet wäre. Es gibt neben den perfekt ausgebauten Radwegen auch gut durchdachte Markierungen für eine bessere Orientierung: die sogenannten **Knotenpunkte.** Sie stehen an jeder Wegzweigung und sind mit Nummern versehen. Steht man beispielsweise an Knotenpunkt 27, dann kann man sich aussuchen, ob man rechts zum Knotenpunkt 28 oder links zum Knotenpunkt 22 fährt. Meist ist auf den Schildern auch der Name der Fahrradroute mit angegeben, zum Beispiel die „Eierland-Thijsseroute“. Es wäre für eine Radtour auf Texel schon ausreichend, wenn man sich alle Knotenpunkte notiert, die man abfahren möchte: Es gibt 57 Knotenpunkte. Beim VVV Texel (s. S. 23) erhält man eine Karte mit allen Knotenpunkten auf der Insel.

Die Touristeninformation von Texel hält ferner mehrere Broschüren (auch in deutscher Sprache) bereit. Sie beschreiben verschiedene Fahrradrouten. Bekannteste Radroute ist die **Rundtour Texel** („Rondje Texel“) mit einer Länge von 55 Kilometern. Sie startet im Süden am Fähranleger, führt über Den Hoorn und De Koog bis nach De Cocksdorp zum Leuchtturm. Von dort, der nördlichsten Spitze, geht es über Den Burg zurück zur Fähre.

Texel ist auf Menschen eingestellt, die kein eigenes Rad mitbringen. **Fahrradverleihstationen** gibt es in jedem Dorf, oftmals sind es sogar mehrere. Auch viele Hotels verleihen Fahrräder. Wer lieber mit eingebautem Rückenwind fährt, der kann sich ein elektrisches Fahrrad ausleihen. Aufladen kann man die **E-Bikes** an den vielen Ladestationen der Insel.

Gute Nachrichten für **Mountainbiker:** Es gibt seit 2018 eine 100 km lange Route durch die Dünen (www.wstexel.nl/mtb-route-100km-texel).

Tennis

Tennisplätze gibt es im Ferienpark Landal Sluftervallei (s. S. 53) und neben dem Schwimmbad Calluna (s. S. 39, Anmeldung über den Ferienpark Roompot).

⊡ *Fahrradwege sind auf Texel gut ausgeschildert*

137tx-ug

067tx-ug

Reiten

Vom Ponyreiten über Strandausritte bis zu Pferdeferien wird auf Texel so ziemlich alles angeboten. Während die Strandausritte nur für erfahrene Reiter geeignet sind, ist eine Tour durch den Wald auch für Anfänger möglich. Die ganz kleinen Pferdefreunde können mit einem Pony, das von Mama oder Papa geführt wird, durch die Landschaft hoppeln.

Für **Strandausritte** gilt: Zwischen den Strandpfählen 9 und 17 sind sie im Sommer (Mai bis 1. Okt.) nur bis 10 Uhr morgens und abends wieder ab 19 Uhr erlaubt. An allen anderen Stränden ist das Reiten auf dem Strand verboten. Anders im Winter: Dann ist Reiten an allen Stränden und zu jeder Tageszeit möglich.

Zudem werden von den folgenden Reitställen Reitstunden angeboten, die man auch während eines Urlaubs in Anspruch nehmen kann:

› **Manege Elzenhof** <125> Bosrandweg 252, De Koog, Tel. 0222 317469, www.manegeelzenhof.nl. Neben Ponyverleih, Reitstunden und Ausritten werden auch morgendliche und im Juli und August auch abendliche Strandausritte für fortgeschrittene Reiter organisiert. Die Kosten betragen ab 52,50 € für 2½ Stunden.

› **Manege Kikkert** <126> Bosrandweg 277, De Koog, Tel. 0222 317516, www.manegekikkert.nl. Ponys zum „Ausleihen", einstündige Ausritte auch für Anfänger, Privatreitstunden und Wald- und Strandritte für fortgeschrittene Reiter.

Yoga

› Die Yogalehrerin Esther Duvekot bietet im Sommer **Kundalini-Yoga** im Voedselbos (s. S. 111) an. Der Unterricht findet im Juli und August Sa. 8.30–10 Uhr statt, Preis: 15 €, Anmeldung unter Tel. 06 51122341.

■ **De Texelse Yogaschool** <127> Warmoesstraat 23, Den Burg, https://detexelseyogaschool.nl. Hier finden achtmal pro Woche Yogakurse statt.

Der Traum vieler Reiter: ein Ausritt am Strand

TEXEL ERLEBEN

068tx-ug

Feste und Folklore

Auf Texel finden das ganze Jahr über Festivitäten statt. In den letzten Jahren versucht man verstärkt, auch die eher ruhigen Monate in das Festgeschehen mit einzubeziehen. So wird im September der kulinarische Event Texel Culinair und im November das Musik- und Lichterfest Struûn veranstaltet. Auch gibt es typisch Texeler Feste, die auf langen Traditionen beruhen, wie das Freudenfeuer Meierblis im Mai und Ouwe Sunderklaas im Dezember.

Januar–Mai

- **Neujahrstauchgang** an mehreren Stränden, u. a. bei Paal 9 am Hoornderslag, Den Hoorn, in De Koog und in De Cocksdorp
- Februar: **TexelTrail.** Herausfordernde Laufstrecke durch raues Dünengebiet (www.texeltrail.nl).
- Mitte März: **Halbmarathon** rund um De Waal (www.halvemarathondewaaltexel.nl)
- Ostern: **Lämmchenwanderung** (www.hetgoudenboltje.nl), organisierte Wanderung vorbei an Wiesen voller Lämmer rund um Den Burg
- **Königstag:** Wie in ganz Holland feiert man auch auf Texel am 27. April den Königstag. Mit Flohmarkt, Kinderaktionen, großer Party am Abend und einem „Königslauf" in Den Burg.
- **Meierblis:** Das traditionelle Texeler Freudenfeuer wird am Abend des 30. April gezündet, und zwar an mehreren Stellen auf der Insel. Kinder und Junggebliebene sind wochenlang damit beschäftigt, Holz, Tannenbäume, alte Paletten heranzuschaffen und einen möglichst großen Holzhaufen zu errichten. Die Spannung unter den Kindern steigt spürbar, wenn es um rund 20 Uhr ans Anzünden geht. Dann sieht man überall auf der Insel die Feuer lodern. Die Meierblissen gehen auf eine alte Texeler Tradition zurück: Mit dem Feuer wurde der Winter vertrieben und der Frühling begrüßt. „Blis" ist das Texeler Wort für Feuer.
- **Rettungsboot-Tag:** Ende Mai demonstriert die Koninklijke Nederlandse Redding Maatschappij spektakuläre Aktionen in ihren Rettungsbooten (Nordspitze am Fähranleger nach Vlieland).

Vorseite: Peter van der Ploeg ist einer der vielen Künstler auf Texel

Juni–August

- **Waves-Festival:** Bei Paal 17 kommen Anfang Juni Musik- und Sportfans zusammen, um mit dem Surfweltmeister Dorian van Rijsselberghe bei Livemusik und gutem Essen zu feiern.
- **Runde um Texel:** Die größte Katamaran-Regatta der Welt startet bei Paal 17. Die Katamaran-Regatta im Juni bildet den Höhepunkt einer Segelwoche (www.roundtexel.com), die ebenfalls am Strand rund um Paal 17 ausgetragen wird.
- **Jazz on the Waves:** Ende Juni treffen sich in Den Hoorn Kulturfreunde zum Jazzfestival (www.texelcultuureiland.nl).
- **Sompop:** Anfang Juli findet in De Waal, dem kleinsten Dorf der Insel, das Gratis-Popfestival **Sommeltjespop** statt, bei dem rund zehn niederländische Bands auftreten (www.sompop.nl).
- **SunBeats:** Mitte Juli trifft man sich zum Dance-Event am Strand bei Paal 17 (https://sunbeats.nl, Zutritt ab 18 Jahre).
- **Haven VIStijn:** Am zweiten Samstag im August wird im Hafen von Oudeschild das Haven VIStijn gefeiert, bei dem die Texeler Fischereiflotte die Hauptrolle spielt. Die Fischer von Oudeschild erklären dann die neuesten Fangtechniken und informieren über die Ausbeute einer Fischtour sowie

gn-x1690

interessante Beifunde wie Mammutknochen. Und natürlich gibt es auch Fischbrötchen etc.

September–Dezember

- **Beach Food Festival:** Anfang September lassen sich am Wattenmeerstrand in Oudeschild Foodtrucks nieder und bieten Köstlichkeiten Texels und aus dem Rest der Welt an (www.beachfoodfestival.nl).
- **Texel Halbmarathon:** Die Teilnehmer des Halbmarathons im September starten von der Fähre und laufen dann durch Wald, Dünen und Polder (www.texel halvemarathon.nl).
- **Texel Culinair:** Ende September steht Texel im Zeichen der Genüsse. Dann findet in der Dorpsstraat des Badeorts De Koog Texel Culinair statt. An mehreren Ständen bieten über 20 Restaurants ihre Kreationen in Mini-Portionen an, sodass man viel probieren kann (www.texelCuli nair.nl).
- **Family Festival:** Meist am ersten Wochenende im Oktober beherrschen Drachen, „fliegende Fische" und überdimensionale Puppen den Himmel. Dann findet in De Koog zwei Tage lang das Family Festival statt. Begleitet werden die Drachen von Blokartern, Frisbeespielern und Kitesurfern.
- **Texel Blues:** Mitte Oktober füllen sich die Kneipen in Den Burg mit Blues-Freunden. Dann fließt das Bier zu Gitarrenklängen (www.texelblues.nl).
- **Ankunft Sinterklaas:** An einem Samstag Mitte November kommt der Sinterklaas, der niederländische Nikolaus, mit seinem Schiff im Hafen von Oudeschild an. Dies ist ein spektakuläres Ereignis für die Inselkinder, die ihn mittags mit Gesang und viel Jubel empfangen.
- **Ouwe Sunderklaas:** Dieses typische Texeler Fest findet am 12. Dezember statt. Dann ziehen verkleidete Kinder und Erwachsene durch die Straßen und nehmen mittels Liedern und Sketchen bestimmte Personen oder Ereignisse des vergangenen Jahres aufs Korn.
- **Weihnachtsmarkt:** Mitte Dezember in Oosterend

Meierblis – welches Dorf hat das größte Feuer?

070tx-ug

Für Kinder das Highlight des Jahres: Sinterklaas kommt mit dem Boot (s. S. 105)

Feiertage

In den Niederlanden werden die christlichen Feiertage nicht in dem Umfang gefeiert wie in Deutschland. Karfreitag ist zwar ein gesetzlich anerkannter Feiertag, doch in den meisten Unternehmen wird gearbeitet.

Feiertage sind:

- **Neujahr**
- **Ostersonntag** und **Ostermontag** (viele Geschäfte sind aber am Ostermontag offen)
- **Königstag** (27. April, wenn der Königstag auf einen Sonntag fällt, wird er verschoben)
- **Bevrijdingsdag** („Befreiungstag") am 5. Mai
- **Pfingstmontag**
- **Himmelfahrt**
- **Weihnachten** (25. und 26. Dezember)

Texel kulinarisch

Die Produkte der Insel werden gehegt, gepflegt und gefördert. Und scheinbar jeder Insulaner hat sein eigenes Steckenpferd. Der Winzer Jan-Jaap Kroon baut bei Den Burg Wein an, der Bauer Anton Witte stellt preisgekrönten Schafskäse her, Familie Diks braut Biere, Kees Groenewoud brennt Gin, Evert Malschaert röstet Kaffee. Martin Zeeman sammelt Austern im Wattenmeer, Joscha Schoots destilliert auf seinem Landgut „De Bonte Belevenis" Whisky, Dennis und Mylène Rodenburg stellen aus der Milch ihrer Kühe köstliches Eis her – und so ließe sich die Liste der Texeler Produkte noch lange fortsetzen.

Schon vor vielen Jahren haben sich die Landwirte der Insel zu einer Gemeinschaft zusammengeschlossen, um mit vereinten Kräften die Erzeugnisse der Insel unter dem Dach **„Echt Texels Produkt"** zu vermarkten. Man sieht das grün-weiße Gütesiegel überall an Restaurants, Hotels, Geschäften und auf Speisekarten.

Ein weiteres Schlagwort auf Texel ist **Waddengoud**, ein Gütezeichen für Produkte, die aus der niederländischen Wattenregion stammen. Typische Texeler Gerichte sind auch auf der Website des VVV zu finden: www.texel.net/de/texel-tipps/essen-und-trinken/die-texel-rezepte.

So viel kulinarisches Engagement wurde belohnt: Das Restaurant **Bij Jef** (s. S. 72) in Den Hoorn besitzt schon lange einen Michelin-Stern.

Was die **Getränke** betrifft: Lange Zeit war die **Texeler Brauerei** 24 der einzige Player auf der Insel. Da sie mit ihrem „Skuumkoppe" extrem erfolgreich ist (so erfolgreich, dass sie von Heineken aufgekauft wurde), ergriffen auch andere ihre Chance: Die **Stokerij TX** („Brennerei TX", www.stokerijtexel.nl) bringt inzwischen neben Gin und anderen Spirituosen sehr schmackhafte Biere auf den Markt. Einer der ehemaligen Brauer von Texels gründete mit seiner Familie die **Tesselaar Familiebrouwerij** (www.biervantexel.nl) und gewann mit seinem Slufterbok direkt die Silbermedaille der Dutch Beer Challenge. Auch das **Landgut Bonte Belevenis** (s. S. 123) braut mit De Boei ebenso ein eigenes Bier wie die **Ouwe Skilder Brouwerij**. Alle 50 Biere der insgesamt fünf Brauereien auf Texel können im Profelokaal De Zwaan (s. S. 28) probiert werden.

In der Regel wird im Restaurant ein **Trinkgeld** in Höhe von 5 bis 10 % des Rechnungsbetrags gegeben.

Texeler Spezialitäten kann man im Strandpaviljoen Paal 17 (s. S. 42) probieren

138tx-ug

Meine Tipps

Lokale mit guter Aussicht

Für Besucher, die vom Binnenland kommen, sind die Strandbistros sicherlich ein unwiderstehlicher Anlaufpunkt. Dort kann man den ganzen Tag auf einer bequemen Bank sitzen, einen Kaffee oder Rosé genießen und der Sonne beim Wandern oder Untergehen zusehen. Viele der **Strandpaviljoens** auf Texel haben zudem einen recht hohen Qualitätsstandard.

› Der erste Strandpaviljoen liegt – vom Süden aus gesehen – am Strandabschnitt **Paal 9** (s. S. 73), der nächste bei **Paal 12.** Weitere findet man bei **Paal 15** (zwischen Den Hoorn und De Koog). Bei Paal 17 befindet sich der beliebte **Strandpaviljoen Paal 17** (s. S. 42), der aus zwei Restaurants mit großen Terrassen besteht. Eines der Restaurants ist das ganze Jahr über geöffnet.

› Bei De Koog befinden sich **Beachclub Texel** (Paal 19,5) und **Strandpaal 21** (beide s. S. 42). Im Norden bei De Cocksdorp gibt es den **Strandpaviljoen Paal 28** (s. S. 54), **Faro Beach** und **Kaap Noord** (beide s. S. 53), welches das ganze Jahr über geöffnet ist.

■ **Havenzicht** €€ <128> Haven 6, Oudeschild, Tel. 0222 312602, www.havenzichttexel.nl, geöffnet: Mo., Di., Do.–Sa. ab 12 Uhr. Am Hafen von Oudeschild steht das Café-Restaurant Havenzicht mit zugehörigem Hotel, das seit über 100 Jahren in Familienbesitz ist. Serviert werden Fischgerichte wie Seebarsch, Kabeljau, Scholle und Lachs, aber auch Schnitzel und Saté-Spieße. Nachmittags gibt es Apfelkuchen mit Kaffee. Man isst mit einem schönen Blick auf den Hafen von Oudeschild.

› **Torenrestaurant** €€ <129> Vuurtorenweg 189, De Cocksdorp, Tel. 0222 316283, www.torenrestaurant.nl, geöffnet: tägl. ab 11 Uhr. Das Torenrestaurant mit sonniger Terrasse logiert zu Füßen des Leuchtturms 12 und bietet einen fantastischen Blick auf das Bauwerk und den Strand. Serviert werden Texeler Klassiker wie Fisch und Lammfleisch sowie Steak.

Lecker vegetarisch

Auf der Insel der Schafe gibt es ein rein veganes Restaurant, nämlich die **Witlof Foodbar & Hangout** in Den Burg (s. S. 29). Auch die meisten anderen Lokale und Strandbars bieten verschiedene Salate und vegetarische Gerichte an. Das **Lokaal 16** (s. S. 28) in Den Burg serviert Frühstück, Kuchen, belegte Brote und *tostis* – auch vegetarisch und vegan.

In den Strandpavillons isst und trinkt man mit Blick aufs Meer

072tx-ug

Was wo kaufen?

Auf Texel hat man sich auf Touristen eingestellt. Dies bedeutet, dass es beispielsweise in den meisten Ferienparks auch einen kleinen Supermarkt gibt, in dem alle wichtigen Dinge zum Kochen und Genießen angeboten werden. Außerdem gibt es am Morgen frische Brötchen, die Tageszeitung auch auf Deutsch, Lebensmittel und Drogerieartikel.

Wer Lust auf einen ausgiebigeren Einkaufsbummel hat, der ist am besten in Den Burg 1 im Zentrum rund um den Stenenplaats oder in De Koog 8 in der Dorpsstraat aufgehoben. Hier findet man Souvenir-, Lebensmittel- und Modegeschäfte. Was **Mode** betrifft, so sind die Kleidungsstücke häufig auf die Bedürfnisse der Inselbesucher zugeschnitten. Man bekommt also Bademode oder Strandkleidung und wind- bzw. wetterfeste Jacken. Abendkleider, Anzüge oder teure Designermarken sind eher schwer zu finden. Es wird viel Wert auf **inseltypische Produkte** gelegt und somit bieten viele Geschäfte die Schafwollecremes von De Noordkroon Texel, die inseleigenen Liköre wie Juttertje oder Seifen aus Schafsmilch an.

Kein Bargeld zur Hand? Macht nichts. Im Gegensatz zu vielen anderen ausländischen Regionen kann man auch auf Texel in den meisten Geschäften mit **Debitkarte** bezahlen. Oftmals wird das auch ausdrücklich gewünscht, denn somit ist weniger Bargeld in der Kasse und man muss sich nicht immer mit ausreichend Kleingeld zum Wechseln eindecken.

In den meisten Dörfern gibt es (kleine) Supermärkte, De Waal 5 hat dagegen gar kein Lebensmittelgeschäft. Hervorzuheben ist der Spar-Markt Goënga (s. S. 74) in Den Hoorn, der viele inseltypische Produkte und frisches Lammfleisch im Sortiment hat. **Größere Supermärkte**, die zu bekannten Ketten gehören, gibt es auf Texel in der „Hauptstadt“ Den Burg, in De Koog und in De Cocksdorp:

- **Albert Heijn** <130> Waalderstraat 48, Den Burg, geöffnet: tägl. 8–21 Uhr
- **Aldi** <131> Wilhelminalaan 99, Den Burg, geöffnet: Mo.–Sa. 8–20 Uhr, So. 9.30–18 Uhr
- **Jumbo Supermarkt (2)** <132> Vogelenzang 25, Den Burg, geöffnet: Mo.–Sa. 8–21 Uhr, So. 9–18 Uhr, Filiale in De Koog (s. S. 43)
- › **Lidl** (s. S. 43), geöffnet: Mo.–Sa. 8–19 Uhr
- › **Plus (2)** <133> Molenlaan 14, De Cocksdorp, geöffnet: Mo.–Do., Sa. 8.30–18, Fr. 8–19, So. 10–18 Uhr

Mein Tipp

Wadzilt

2010 eröffnete Marc van Rijsselberghe einen kleinen Betrieb, in dem er die Salzverträglichkeit von Obst und Gemüse testet. Verschiedene Pflanzen werden mit teils salzhaltigem Wasser gegossen, um ihre Toleranz zu testen und möglichst zu erhöhen. Hintergrund: Weltweit steht immer weniger Süßwasser zur Verfügung. 2014 kamen die ersten Kartoffeln von Marc in die Texeler Geschäfte, inzwischen gibt es auch Gemüsesorten wie Eiskraut und Queller. Sie schmecken hervorragend, sind 100 % biologisch und reich an Mineralien und Vitaminen. Führungen durch den Zilte Proeftuin („Salziger Forschungsgarten“) sind buchbar.

› **Wadzilt (Zilte Proeftuin)** <136> Hoornderweg 42, Den Hoorn, Voranmeldung notwendig unter www.wadzilt.nl/zilte-proeftuin

073tx-ug

Besonders viel Spaß macht das Einkaufen in den **Hofläden** oder an den Verkaufsständen der Bauernhöfe:

- **De Waddel** <134> Westergeest 4, Den Burg, www.dewaddel.nl, geöffnet: Sa. 10.30–12.30 Uhr. Jan-Willem Bakker und seine Familie halten auf den Wiesen rund um ihren Bauernhof Schafe, aus deren Milch sie Käse herstellen. Im Hofladen gibt es den vorzüglichen Schafskäse zu kaufen.
- **Eisbauernhof Labora** <135> Hollandseweg 2 (Ausfahrt 32), De Cocksdorp, Tel. 316066, www.ijsboerderijlabora.nl, geöffnet: Mitte Febr.–Ende Sept. tägl. 11–20 Uhr. Etwas außerhalb von De Cocksdorp, inmitten von Weiden, steht der Eisbauernhof Labora. Hier verarbeiten Dennis und Mylène Rodenburg die frische Milch der zum Bauernhof gehörenden Kühe zu köstlichem Eis. Dieses können die Besucher draußen in der Sonne genießen, während sich die Kinder auf dem Spielplatz austoben. Tipp: Man kann einen Blick in den Kuhstall werfen, wo ein Melkroboter das vollautomatische Melken der Kühe übernimmt.
- **Hoogvliet** <137> Nieuwlanderweg 101 (Kreisverkehr Richtung De Cocksdorp), De Waal, Mo., Fr., Sa. 10–12 Uhr. In dem kleinen Laden des Bauernhofs wird frisches Lamm- und Rindfleisch verkauft, auch eingeschweißt und tiefgefroren – ideal zum Mitnehmen.
- **Keijser** <138> Ongeren 5, Den Burg, www.texelseasperge.nl, geöffnet: Mitte April bis dritte Juniwoche Mo.–Sa. 10–16, So. 10–14 Uhr. Bei Keijser findet man das nördlichste Spargelanbaugebiet Hollands – mit einem Spargel, der dank der salzhaltigen Luft besonders schmackhaft ist. Bert und Meina Keijser sind nicht nur sehr engagierte Bauern, sondern auch äußerst sympathische Leute. Und so ist es nicht verwunderlich, dass man hier gerne zum Spargelkauf vorbeischaut. Größter Keijser-Spargel-Fan war übrigens der Schriftsteller und Künstler Jan Wolkers, der auf der Insel lebte.
- **Novalishoeve** <139> Hoornderweg 46, Den Hoorn, www.novalishoeve.nl, geöffnet: Mo.–Sa. 9.30–16.30 Uhr.

In der Novalishoeve gibt es ein Glas frische Bio-Buttermilch

Zur Raphaëlstichting gehören mehrere Bauernhöfe mit dem Namen Novalishoeve, darunter auch einer auf Texel. Auf dem Bauernhof arbeiten Menschen mit einer psychischen Erkrankung, die sich um die Tiere auf dem Hof kümmern und Bio-Produkte herstellen. Auf 40 Hektar Land werden Kühe, Kälber, Hühner und Schweine gehalten sowie Getreide, Austernpilze und Kartoffeln angebaut. Fleisch, Käse, Joghurt, Kräuter, Obst und Gemüse sind im Hofladen erhältlich, ebenso Kuchen, Desserts, hausgemachtes Eis und Tee, der draußen auf der Terrasse serviert wird.

› **Voedselbos** <140> Middellandseweg 4, Oudeschild, Tel. 0222 315080, www.zelfpluktuin.nl, geöffnet: April–Ende Oktober tägl. 10–16 Uhr, Eintritt und Parken kostenlos. Im Voedselbos („Lebensmittelwald") kann man wunderbar Erdbeerkuchen essen, frisches Obst und Gemüse pflücken oder an der Theke kaufen. Außerdem gibt es hausgemachte Marmeladen. Kinder können den „Kabouterpad" („Zwergenpfad", bis 10 Jahre) erkunden. Auf sie wartet ein großer Wald mit allerlei essbaren Früchten, u. a. Beerensträucher und Apfel-, Kirsch-, Birn- sowie Nussbäume. Außerdem können die jungen Besucher mit „Buddelmaschinen" im Sand spielen, Kettcar fahren, die Bauernhoftiere wie Schafe und Lämmer besuchen und Vogelhäuschen bauen.

MEIN TIPP

Noordkroon

Beim Sortieren ihrer Schafwolle bemerkte Renske van den Tempel, dass der Umgang mit der Wolle ihrer Haut gut tat und sie ganz weich werden ließ. Das brachte sie auf die Idee, eine **Creme aus Wollfett** herzustellen. Unter dem Markennamen Noordkroon gibt es inzwischen überall auf der Insel Hand-, Fuß- und Gesichtscreme mit einem hohen Gehalt an Wollfett. Auch online bestellbar unter www.noordkroon.nl.

› **Wezenspyk** <141> Hoornderweg 29, Den Burg, www.wezenspyk.nl, geöffnet: Mo.–Sa. 9.30–17, So. und an Feiertagen 11–17 Uhr. Umringt von Weiden voller Schafe und Kühe produziert der Käsemacher Anton Witte in der Nähe von Den Burg seinen unwiderstehlichen und preisgekrönten Käse: Kuh-, Ziegen- und Schafskäse, verfeinert mit Senfkörnern, Salzastern, Kräutern oder Bockshornklee. Es gibt jungen, mittelalten und alten Käse, auch einen Streichkäse und Marmeladen. Der Kuh-, Schaf- und Ziegenkäse von Wezenspyk wird im Hofladen verkauft. Zudem gibt es ein kleines Schafmuseum und ein Café.

Preisgekrönt und schmackhaft: der Käse von Wezenspyk

Von den Anfängen bis zur Gegenwart

Die Geschichte der Insel Texel ist eine Geschichte von Stürmen und Überflutungen, Deichbauten und Landgewinnung. So wie überall in den Niederlanden, mussten auch hier die Menschen immer wieder den Kampf gegen das übermächtige Meer antreten.

Die Basis der Insel bildet eine Geschiebelehmschicht, eine Mischung aus Lehm und Gestein, die während der Eiszeit Pleistozän vom Eis des Nordens mitgeführt wurde. Der Hoge Berg 40 ist ein Überrest dieser Geschiebelehmschicht und wird auch als „altes Land" bezeichnet.

Die ersten Niederlassungen auf Texel, die man bei Ausgrabungen fand, stammen aus der mittleren Steinzeit (zwischen 8000 und 4500 Jahre v. Chr.).

- **1170:** Die sogenannte Allerheiligenflut ist die Ursache, dass Texel vom Festland getrennt wird. Das Seegatt Marsdiep zwischen Den Helder und Texel entsteht.
- **13. Jh.:** Im Norden der Insel bauen sich natürliche Dünen auf.
- **1415:** Den Burg erhält Stadtrechte.
- **1509:** Bei einem Deichbruch ertrinken 5000 Schafe.
- **16. Jh.:** Die Dörfer der Insel wie Den Burg, De Waal und De Koog werden durch Deiche geschützt.
- **1570:** Während der „Allerheiligenflut" brechen die Deiche nördlich von De Koog. 70 Häuser werden weggespült, doch nur wenige Menschen kommen ums Leben.
- **1593:** Ein Sturm am Weihnachtsabend zerstört 44 Schiffe, die auf der Reede von Texel vor Anker liegen. Rund 1000 Menschen kommen ums Leben.
- **1630:** Zwischen der Insel Eierland und Texel wird ein Dünenstreifen angelegt.
- **17. Jh.:** Blütezeit der Reede von Texel
- **1780:** Oudeschild bekommt einen eigenen Hafen.
- **1835:** Der reiche, aus Antwerpen stammende Kaufmann Nicolas De Cock kauft die Salzwiesen von Eierland und lässt das Gebiet von 1500 Arbeitern eindeichen. Eierland und Texel sind jetzt eine Insel.
- **1851:** Während einer Sturmflut brechen erneut die Deiche. Die Gebiete De Muy und De Slufter entstehen.
- **1864:** Der Leuchtturm wird in Betrieb genommen.
- **1945:** Aufstand der Georgier (s. S. 48), bei dem 3000 Menschen sterben. Spuren sind noch am Leuchtturm zu finden.
- **1953:** Während der desaströsen Sturmflut vom 1. Februar wird der Polder De Eendracht überflutet, wodurch sechs Insulaner ums Leben kommen.
- Ab **Mitte des 20. Jahrhunderts** spielt der Tourismus auf Texel eine immer größere Rolle.
- **2002:** Ein Viertel der Insel wird zum Nationalpark namens „Dünen von Texel" erklärt.
- **2010:** Im Norden der Insel entsteht das neue Vogelschutzgebiet Utopia.
- **2015:** Die Stadt Den Burg feiert ihr 600-jähriges Bestehen.
- **2016:** Aufbau von 840 Sonnenkollektoren auf einem Klärbecken.
- **2018:** Ein Wellenkraftwerk wird vor Texels Küste installiert.
- **2019:** Deicherhöhung
- **2020:** Die Coronakrise trifft den Tourismus kaum. Wo deutsche Gäste ausbleiben, rücken Niederländer nach.
- **2021:** Eröffnung des neuen Naturzentrums De Marel (s. S. 85)
- **ab 2024:** In den folgenden Jahren sollen sich mehrere Projekte dem Küstenschutz widmen.

075tx-ug

An- und Rückreise

Mit dem Auto

Texel ist sehr gut mit dem Auto erreichbar. Man kommt **aus südlicher Richtung** auf der **A9** von Amsterdam nach Alkmaar. Von Alkmaar aus geht es weiter auf der Landstraße N9, die an einem von Reetdachhäusern gesäumten Kanal entlangführt und somit eine idyllische Kulisse bietet. Wer **von Norden** kommt, den führt der Weg über die **A7** und den Afsluitdijk (Abschlussdeich). Von **Den Helder,** dem letzten Ort auf dem Festland, nimmt man die Fähre nach Texel. Wer das Auto nicht mit nach Texel nehmen will, kann es am Hafen parken. Auf der Fähre kann man in den Bus einsteigen, der einen weiter nach Den Burg oder De Koog bringt.

Mit der Fähre

Der Urlaub beginnt bereits auf der Fähre. Die meisten der eingefleischten Texel-Fans haben feste **Rituale:** Viele von ihnen stürzen sich in das Bordrestaurant, um während der zwanzig Minuten dauernden Überfahrt ein erstes „Skuumkoppe" der Texelse Bierbrouwerij zu trinken und dazu eine Erbsensuppe zu essen. Andere dagegen haben wochenlang das alte Brot aufgehoben, um es an die Möwen, die gierig die Fähre begleiten, zu verfüttern. Die zahmen Möwen fressen das Brot sogar aus der Hand. Ein Insulaner dagegen bleibt während der Überfahrt in seinem Auto sitzen. Zwanzig Minuten sind schließlich nicht so lange. Den Gästen steht auf dem Schiff und auf dem Wartegelände **kostenloses WLAN** zur Verfügung.

Vorseite: Auch bei Regen kann man den Strand genießen

Die Überfahrt mit der Fähre leitet den Urlaub ein

139tx-ug

Die Fähre startet auf dem Festland im Hafen von **Den Helder** in Nordholland und fährt nach **'t Hoorntje,** den Fährhafen auf Texel. Früher lag der Fährhafen noch in Oudeschild, doch mit Zunahme des Autoverkehrs verlegte der Rijkswaterstaat (das niederländische Wasserwirtschaftsamt) den Fährhafen im Jahr 1962 an die Südspitze der Insel.

Als Fährgesellschaft kümmert sich **Texels Eigen Stoomboot Onderneming (TESO)** um eine reibungslose Überfahrt. Die Überfahrten erfolgen nach festem Fahrplan. An Hauptreisetagen wird eine zusätzliche Fähre eingesetzt. Der normale **Fahrplan** sieht folgendermaßen aus: Ab Den Helder fährt von 6.30 bis 21.30 Uhr stündlich zur halben Stunde eine Fähre ab. Ab Texel geht es ebenfalls stündlich von 6 bis 21 Uhr los. Sonntags gelten Sonderregelungen (s. Website). Zu besonders stark nachgefragten Zeiten fährt die Fähre auch halbstündlich. Dies wird auf der Website – auch auf Deutsch – angegeben.

Man kann das **Ticket** vorher online bestellen oder aber per Kredit- oder Debitkarte direkt an der Schranke bezahlen. Das Fährticket bezieht sich nicht auf eine feste Uhrzeit oder einen bestimmten Tag, man ist also **flexibel** in der Anreise und muss nicht bangen, wenn man im Stau steht. Auf der Rückfahrt braucht man das Ticket nicht noch einmal zu zeigen. Ein E-Ticket für Hin- und Rückreise kostet für einen Pkw (unabhängig von der Zahl der Mitreisenden) 39 €, reist man zu Fuß, dann bezahlt man nur 2,50 € für Hin- und Rückfahrt. Erfolgt die Anreise am Dienstag, Mittwoch oder Donnerstag, ist das Fährticket bis zu 30 % günstiger. Die Tickets sind auch am Fährhafen am Automaten und am Schalter erhältlich. Bezahlt wird dort mit Bank- oder Kreditkarte, aber auch in bar.

Bitte beachten: An Wochenenden oder Feiertagen kann die Fähre **recht voll** werden. Dann ist es nicht garantiert, dass man zur geplanten Abfahrtzeit noch einen Platz bekommt. Wenn man Pech hat, muss man eine Stunde warten und die nächste Fähre nehmen. Am besten sieht man vorher auf der Website von TESO nach, wie lange die voraussichtliche Wartezeit an dem entsprechenden Reisetag sein wird.

Nachdem man mit der Fähre angekommen ist, kann man **Bus 28** nehmen, der nach Den Burg und De Koog fährt. Möchte man zu einem anderen Ort, ruft man den Texelhopper (s. S. 134). Diesen muss man mind. 1 Std. im Voraus reservieren. Ansonsten stehen Taxis am Fährhafen bereit.

› **Fährgesellschaft TESO** <142> Tel. 0222 369600 (rund um die Uhr erreichbar), www.TESO.nl/de (Informationen auch auf Deutsch)

Mit dem Flugzeug

Er heißt zwar Texel International Airport, aber große Urlaubsflieger aus Hamburg oder München landen hier nicht. Man kommt stattdessen mit einer privaten Dakota, Friendship oder Fokker 50. Touristen können Rundflüge (s. S. 130) und Fallschirmsprünge (s. S. 99) buchen. Übrigens ist Texel International Airport Europas grünster Flughafen, denn anstatt Asphaltbahnen gibt es nur Grasfläche.

› **Texel International Airport** <143> Postweg 120, De Cocksdorp, www.texelairport.nl

Mit dem Zug

Von **Amsterdam Centraal,** also dem Hauptbahnhof von Amsterdam, fährt jede halbe Stunde ein direkter Zug nach Den Helder auf dem Festland (Ticket rund 17 €). Vom dortigen Bahnhof bringt einen die Buslinie 33 zum Fährhafen von Den Helder.

Ausrüstung und Kleidung

Auf Texel ist es in der Regel ein paar Grade kälter als auf dem Festland und die Saison verschiebt sich ein paar Wochen nach hinten. Das bedeutet: Wenn es im Frühling in Süddeutschland schon knackig warm ist, kann es auf Texel kühler sein. Und dann wäre da noch der Wind ... Am besten packt man auch eine **warme und windfeste Jacke** ein. Und jetzt die gute Nachricht: Im Frühling und Sommer regnet es auf der Insel deutlich weniger als auf dem Festland. Die Sonne hat die Oberhand. **Sonnencreme** und **Sonnenbrille** sollten zu jeder Jahreszeit mit ins Gepäck. Texel bietet außerdem eine unglaublich interessante und vielseitige Natur. Wer ein gutes **Fernglas** und ein paar **feste Schuhe** mitbringt, der entdeckt in den Naturschutzgebieten Brandgänse, Löffler, Galloway-Rinder, Zaunkönige und Orchideen.

⌃ Für kleinere Luftsprünge gibt es das Trampolin

Autofahren

Im Gegensatz zu Vlieland und Schiermonnikoog sind Autos auf Texel erlaubt. Das Verkehrsnetz ist recht übersichtlich und mit ausreichenden Hinweisschildern versehen.

Jedem, der mit dem Pkw kommt, empfiehlt sich der Kauf einer **Texelvignet,** eines digitalen Parkausweises, der nur online bestellbar ist (www.texelvignet.nl/de). Die Vignette kostet 30 €, ist das ganze Kalenderjahr über gültig und berechtigt dazu, in Dörfern und an Strandaufgängen **gratis zu parken.** Eine Tagesvignette kostet 10 €, die Wochenvariante 20 €. **Parken** ist inzwischen in allen Orten und an allen Strandaufgängen grundsätzlich **kostenpflichtig** (max. 10 €/Tag). Der Stundentarif am Parkscheinautomaten beträgt 2,50 € (nur per Karte zahlbar).

Barrierefreies Reisen

Texel hat sich auf Besucher mit Handicap eingestellt. So gibt es eine **eigene Website** – auch in deutscher Sprache –, die Menschen mit einer körperlichen Behinderung gewidmet ist. Auf **www.texel.net/de/texel-tipps/fuer-koerperbehinderte** werden beispielsweise behindertengerechte Unterkünfte aufgezählt, die vom Chalet auf einem Campingplatz über Hotels mit angepassten Zimmern bis hin zu Ferienhäusern für Menschen im Rollstuhl reichen. Des Weiteren werden die Transportmöglichkeiten zu und auf der Insel erläutert und Sehenswürdigekiten aufgelistet, die barrierefrei zugänglich sind.

078tx-ug

Barrierefreier Strandzugang dank Strandrollstuhl

Der **Wanderweg t' Allo** (s. S. 96), der beim Ecomare 9 startet und durch die Dünen führt, eignet sich für Menschen im Rollstuhl ebenso wie für schlecht Sehende und Blinde, denn es gibt immer wieder Markierungen am Wegesrand, die auf eine Informationstafel hinweisen. Auf diesen Informationstafeln stehen Hinweise zu besonderen Naturgegebenheiten auch in Blindenschrift. Auch die Düne am Slufter 34 ist mit dem Rollstuhl befahrbar.

Der **Fahrradverleih Vermeulen** hat alle möglichen Fahrradvarianten für Gehbehinderte im Programm. Die Palette reicht vom Rollstuhlfahrrad über ein Dreirad für zwei Personen bis zum strand- und waldtauglichen Rollstuhl.

› **Vermeulen Bikes** <144>, Herenstraat 69, Den Hoorn, www.vermeulenbikes.nl, Tel. 0222 319213. Eine Filiale befindet sich zudem auf dem Campingplatz Loodsmansduin (s. S. 72).

Auf den Booten TX Emmie und TX44, die von Oudeschild 19 aus zum Garnelenfischen und zu den Seehundbänken aufbrechen, können auch Gäste im Rollstuhl mitfahren (s. S. 128).

Damit Besucher mit Gehbehinderung an den **Strand** gelangen können, gibt es an folgenden Stellen Strandrollstühle, sogenannte Cadweazles, und StrandHoppers mit extradicken Gummireifen:

Texel preiswert

- **@texel-App:** Wer die kostenlose Texel App herunterlädt, kann sich Gutscheine und Rabatte in zahlreichen Texeler Restaurants und Geschäften sichern. Diese App ersetzt den früheren Texel-Pass (s. S. 121).
- **Routenbeschreibungen:** Viele Karten für Wanderungen und Radtouren sind gratis oder für ein paar Euro beim VVV Texel oder beim Ecomare erhältlich, darunter „Insel-Routen".
- **Texelvignet:** Für 10 € (1 Tag), 20 € (1 Woche) oder 30 € (1 Jahr) gibt es die elektronische Parkvignette (s. S. 116) online. Sie berechtigt dazu, auf gebührenpflichtigen Parkplätzen in den Dörfern und am Strand zu parken. Online zu bestellen unter www.texelvignet.nl/de.
- **Tageskarte Texel (Texelhopper Dagkaart):** Für 7,70 € kann eine Person ab 9 Uhr einen Tag lang alle Busse auf Texel nutzen (Familienkarte: 17,50 €). Die Tageskarte ist im Bus 28 und online unter www.connexxion.nl/de/shop/e-tickets/texelhopper-tageskarte erhältlich.
- In allen Inseldörfern gibt es einen sog. **watertappunt,** an dem man seine Trinkflasche gratis mit Trinkwasser auffüllen kann, z. B. in der Kogerstraat in Den Burg und Nikadel in De Koog. Zudem wird in vielen Restaurants **Gratiswasser** angeboten.
- Wer dienstags, mittwochs oder donnerstags mit dem Pkw die **Fähre nach Texel** nimmt, erhält bis zu 30 % Rabatt (Informationen: www.teso.nl/de).

- **Strand bei Ecomare, Paal 17** (De Koog), www.paal17.com, den Strandrollstuhl bitte vorher unter Tel. 327483 und im Winter unter Tel. 0222 317614 reservieren.
- **Strandpaviljoen 28,** Tel. 0222 316537, www.paal28.nl/de
- Die **Strandpavillons Paal 20 und 21** vermieten ebenfalls Cadweazles.
- Am **Strand Paal 9** werden auch zwei Strandhäuschen vermietet, die für Rollstuhlfahrer zugänglich sind. Sie können online über die Website von Paal 9 gebucht werden: www.paal9.nl.

Geldfragen

Vergleicht man die Preise für Lebensmittel in den Niederlanden mit denen in Deutschland, so dürfte Deutschland ein bisschen besser abschneiden. Größer ist der Unterschied allerdings beim Essen in **Restaurants.** Ein Hauptgericht unter 20 € ist kaum zu finden. Ein Gericht mit Texeler Lammfleisch kostet zwischen 20 und 30 €, ebenso ein gutes Steak. Dabei darf man aber nicht vergessen, dass Texel ein Urlaubsziel ist. Auch auf Sylt oder Norderney hat das Essen seinen Preis.

Was die **Übernachtungen** betrifft, so liegen die Hotelpreise über dem niederländischen Durchschnitt und beginnen in der Hauptreisezeit bei 150 € pro Doppelzimmer und Nacht (wenn man dann überhaupt noch ein Zimmer bekommt, also rechtzeitig buchen!). Auch auf Texel sind die Übernachtungspreise gestiegen: Kostete eine Hotelnacht im Jahr 2022 noch durchschnittlich 147 €, so schlug diese im Jahr 2023 mit 156 € zur Kasse. Es ist kein Wunder, dass viele auf **Ferienhäuser** ausweichen, deren Durchschnittspreise sich nicht sehr von denen eines Hotelzimmers unterschei-

KURZ & KNAPP

Heiraten auf Texel

Hochzeitspläne? Gute Nachrichten: Auf der kompletten Insel können sich Heiratswillige das Ja-Wort geben – am Strand, in den Dünen oder im Küstenwald. Für das Hochzeitsessen bieten sich die Strandbars oder Inselrestaurants an.

Wer die eigene Trauung in professionelle Hände legen möchte, ist bei Sophie Brugemann von **TrouwenTexel** an der richtigen Adresse. Interessantes Detail: Rund ein Drittel ihrer Kundschaft stammt aus Deutschland.

› **TrouwenTexel,** https://trouwen-texel.nl

den. Aber sie bieten – im Gegensatz zum Hotelzimmer – mehr als zwei Menschen ein Dach über dem Kopf. Das lohnt sich für eine vierköpfige Familie allemal, außerdem kann man sich das teure Essen im Restaurant sparen.

Auf die Preise für die Unterkunft wird die sogenannte *toeristenbelasting,* also die **Touristenabgabe** bzw. **Kurtaxe,** aufgeschlagen. Sie beträgt im Jahr 2024 2,40 € pro Person.

Die **Eintrittspreise** für niederländische Museen oder Freizeitparks sind ebenfalls nicht gerade günstig, doch in der Regel bekommt man dafür auch einiges geboten.

Berücksichtigen sollte man auch, dass die **Mehrwertsteuer** in den Niederlanden bei 21 Prozent liegt und die **Alkoholsteuer** bei 11 Prozent. Ein halber Liter Bier auf einer Terrasse schlägt mit rund 7 € zu Buche. Eine Tasse Tee dagegen gibt es – auch am Strand – für 3 bis 4 €.

Hunde

Texel ist eine hundefreundliche Insel. An vielen Stränden dürfen die Vierbeiner frei herumlaufen und auch in den meisten Hotels und Restaurants sind sie durchaus willkommen. Ein paar wenige **Regeln** gilt es dennoch zu beachten:

› Prinzipiell sind Hunde in den Gebieten erlaubt, in die auch Menschen dürfen. Manche Naturschutzgebiete sind jedoch während der **Brutzeit** sowohl für Menschen als auch für Hunde nicht zugänglich.

› In Naturschutzgebieten, auf Spielplätzen und im Sommer an bewachten Stränden müssen Hunde **angeleint** werden. Außerhalb der im Sommer bewachten Abschnitte dürfen Hunde am Strand frei herumlaufen. Ausnahme: der Strand von De Hors. Dort dürfen Hunde nur zwischen 1. September und 1. März ohne Leine herumrennen. In den Wäldern De Dennen und Krimwald dürfen Hunde frei laufen, allerdings sollten sie auf den Weiden angeleint werden, da sie sonst die Schafe erschrecken können.

› Das Folgende versteht sich von selbst: Hunde dürfen **keine Vögel** und **andere Tiere jagen** (Kaninchen und Schafe sind begehrte Opfer), **Hundehaufen** müssen beseitigt werden.

› *Texel hat den Ruf einer besonders hundefreundlichen Insel*

113tx-ug

Karten, Souvenirs und Tipps gibt es beim VVV in Den Burg (s. S. 23)

Die „Inselrouten"-Broschüre beinhaltet mehrere Wanderungen und Radtouren

Informationsquellen

Infostellen auf der Insel

Die Hauptinformationsstelle der Insel befindet sich im größten Ort der Insel, in Den Burg. In den Niederlanden heißen die Touristeninformationszentren VVV, die Abkürzung für Vereniging voor Vreemdelingenverkeer (Vereinigung für Fremdenverkehr). Im **VVV Texel** (s. S. 23) erhalten Touristen Informationsbroschüren und Kartenmaterial, man kann vor Ort auch Übernachtungen, Bootstouren und Führungen buchen.

Texel im Internet

› **www.texel.net/de:** Sehr ausführliche, übersichtliche Website des örtlichen Fremdenverkehrsbüros (VVV). Es gibt Informationen zu allen Dörfern, zu den Naturschutzgebieten, über Veranstaltungen auf der Insel und die Möglichkeit, aus rund 1700 Unterkünften

Meine Literaturtipps

› Roland Hanewald: **Niederländische Nordseeinseln,** Reise Know-How Verlag, 2018. Wer auch einmal auf den Nachbarinseln von Texel, also auf Terschelling, Vlieland, Ameland oder Schiermonnikoog vorbeischauen möchte, der sollte dieses Buch im Gepäck haben. Auf sehr unterhaltsame Weise beschreibt Roland Hanewald nicht nur Sehenswürdigkeiten, sondern auch die Eigenheiten der Inseln und der Insulaner.

› **Vögel auf Texel.** Das Buch über die Vogelwelt auf Texel ist im Natuurcentrum De Marel (s. S. 85) erhältlich.

› Axel Berger: **Tod auf Texel,** Inselkrimi, 2018. Jede Insel hat ihren Krimi, so auch Texel. In diesem geht es um eine alte Schuld und immer wieder neue Fährten.

› Mathijs Deen: **Der Holländer,** Rowohlt, 2023. In der Nordsee zwischen Deutschland und den Niederlanden spielt dieser Krimi, in dem man das Watt regelrecht riechen und den Wind spüren kann. Liewe Cupido, den alle nur „Holländer" nennen, ermittelt in diesem grenzüberschreitenden Fall. Schnell wird ihm klar, dass der Tod des Wattwanderers kein Unfall, sondern Mord war.

online die passende zu finden und zu buchen. Ein Online-Veranstaltungskalender ist unter www.texel.net/nl/agenda zu finden.

- **www.texel.nl/deutsch:** Internetpräsenz der Gemeinde mit deutschen Inhalten. Aufschlussreich ist der Bereich „Parken auf Texel“ über die Texelvignette.
- **www.texel-strand.de:** Website der Autorin mit den Highlights Texels und vielen Fotos
- **www.ecomare.nl/de:** Die Website des Wattenzentrums Ecomare 9 bietet unter dem Menüpunkt „Vertiefen“ viele interessante Informationen über das Wattenmeer, die Nordsee und die dort lebenden Tiere in deutscher Sprache.
- **www.justinsinner.nl:** Die Strandfotos von Justin Sinner können bestellt werden.

Publikationen und Medien

Neben der Tageszeitung auf Niederländisch gibt es auf der Insel mehrere regelmäßig erscheinende Magazine und Zeitungen, die sich an deutsche Gäste richten und daher teilweise oder komplett in deutscher Sprache herausgegeben werden:

- **Natuureiland Texel:** jährlich erscheinendes Magazin des Nationaal Park Duinen van Texel (s. S. 74) über die Natur auf der Insel mit einigen deutschsprachigen Seiten
- **TEXEL Agenda:** Die monatlich erscheinende Zeitung informiert über alle Veranstaltungen auf der Insel, teilweise auch auf Deutsch. In der Hauptsaison wöchentlich.
- **TEXEL nu:** Das Gratismagazin im A4-Format erscheint mehrmals im Jahr und informiert in drei Sprachen über neue und altbekannte Restaurants, Geschäfte und Sehenswürdigkeiten auf der Insel.
- **Texel dit weekend:** Auch wenn der Titel niederländisch ist, gibt es eine deutsche Version, erkennbar an der deutschen Fahne rechts oben auf der Titelseite.
- **Inselrouten:** Broschüre mit 10 Wanderungen und 4 Radtouren, die beim VVV Texel für rund 5 € erhältlich ist
- **Lämmerroute:** Broschüre mit der Strecke der 35 km langen Radtour durch das alte Land, beim VVV Texel für 2,50 € erhältlich

Empfehlenswerte Texel-Apps

- **Texelhopper-App:** Für alle, die den Texelhopper (s. S. 134), also den kleinen Bus auf Abruf, nutzen möchten. Mit ihm können 130 Stellen auf der Insel angefahren werden, allerdings muss der Texelhopper 30 Minuten vor der gewünschten Abfahrtszeit über die App bestellt werden (kostenlos für iOS und Android).
- **@texel-App:** Über die App kann man die Texelvignet (s. S. 116) fürs Parken kaufen und eine Reihe von Gutscheinen

140tx-ug

LGBT+

Ob Homo oder Hetero – das ist in den Niederlanden schon lange kein Thema mehr. Man ist gleichgeschlechtlichen Paaren gegenüber aufgeschlossen.

erhalten. Infos auch in deutscher Sprache (kostenlos für Android und iOS).

- **De Koog Texel/DK Texel:** App über Geschäfte und Restaurants in De Koog, auch auf Deutsch (kostenlos für iOS und Android)
- **Buienalarm:** Die App zeigt an, ob es in der nächsten Stunde regnen wird und wenn ja, wie stark (kostenlos für iOS und Android).

Internet

Wie fast überall in den Niederlanden, so gibt es auch auf Texel in vielen Hotels und Restaurants **kostenlosen WLAN-Internetzugang.** In seltenen Fällen muss man um einen Zugangscode bitten. Auch auf den Fähren und dem Gelände des Fährdienstes TESO steht Gästen ein kostenloser WLAN-Zugang zur Verfügung.

Ebenso sind in den Dorfzentren auf Texel kostenlose WLAN-Hotspots zu finden. Die gemeinschaftliche Initiative des Fremdenverkehrsvereins und des lokalen Telekommunikationsanbieters Kabeltex deckt beispielsweise die komplette Fußgängerzone von Den Burg 1 ab.

In De Bonte Belevenis dreht sich alles ums Mitmachen

Medizinische Versorgung

In den Niederlanden gibt es das sogenannte Hausarztsystem. Um sich bei einem Hausarzt – oder im Krankenhaus – behandeln zu lassen, sollte man die **Europäische Krankenversichertenkarte** mit sich führen, damit keine Kosten anfallen. Hat man diese Versichertenkarte nicht, ist es besser, sich bei der gesetzlichen Krankenkasse einen Auslandskrankenschein zu holen.

Arzt, Krankenhaus

Das nächste **Krankenhaus** befindet sich nicht auf Texel, sondern auf dem Festland in **Den Helder** (Gemini-Krankenhaus). Im Notfall werden Verletzte mit dem Krankenwagen zur Fähre gebracht, die dann speziell auf den Transport wartet. Außerhalb der regulären Abfahrtzeiten fährt eigens eine Fähre für den Krankenwagen. Zudem wird bei schweren Unfällen der sogenannte Trauma-Helikopter eingesetzt.

Bei nicht lebensbedrohlichen Situationen findet man sich zu den Sprechstunden eines **Hausarztes** ein. Die meisten Hausärzte haben ihre Praxis in Den Burg. Dort gibt es auch Zahnärzte, einen Augenarzt, einen Tierarzt und eine Hebamme. Eine Liste der Hausärzte auf Texel gibt es unter www.texel.net. Außerhalb der normalen Sprechstunden erfährt man unter Tel. 0222 321143, welcher Hausarzt **Notdienst** hat.

- **Eilandpraktijk Texel** <145> Kikkertstraat 34, De Cocksdorp, Tel. 0222 316234, Mo.–Fr. 8–17 Uhr. Praxis zweier Hausärzte.

- **Huisartsenpraktijk De Kaap** <146> Molenstraat 87, Den Burg, Tel. 0222 321123. Hausärztepraxis, Anmeldung zur Sprechstunde zwischen 8 und 17 Uhr.
- **Medisch Centrum De Zandkoog** <147> Pontweg 106, Den Burg, Tel. 0222 312016, Mo.-Fr. 8-17 Uhr. Medizinisches Zentrum mit mehreren Praxen, u. a. der Huisartsenpraktijk Uithoven en Plasmans.

Apotheke

- **De Texelse Apotheek** <148> Weverstraat 95, Den Burg, Tel. 312112, www.detexelseapotheek.nl, Mo.-Fr. 8-17.30 Uhr, Sa. 10-13 Uhr, 15-17 Uhr, So., Fei. 11-12 Uhr und 16-17 Uhr. Bis auf eine kleine Außenstelle in De Cocksdorp ist dies die einzige Apotheke der Insel.
- **Drogerie Etos** <149> Weverstraat 1, Den Burg, geöffnet: Mo.-Fr. 9.30-17.30 Uhr, Sa. 9.30-17 Uhr. Drogerieartikel und Medikamente gegen Erkältung, Schmerzen, Durchfall etc.

Mit Kindern unterwegs

› **De Bonte Belevenis** <150> Rommelpot 11, Den Hoorn, Tel. 0222 314180, www.landgoeddebontebelevenis.nl, geöffnet: Di.-Sa. 10-17 Uhr, Aktivitäten in den Ferien Mi., Do. 10-16 Uhr. Ein wunderbarer Ausflug für Familien mit Kindern ist ein Besuch des Bauernhofs De Bonte Belevenis („buntes Erlebnis"). Bei schönem Wetter lädt der große Garten zum Picknicken, Kaffeetrinken, Kettcarfahren oder besinnlichen Minuten ein. Im Bauernhaus können Kinder backen oder Seife und Papier herstellen. Es gibt zudem einen Spielplatz. Nicht zu vergessen: Zum Bauernhof gehört ein Café mit köstlichen, selbstgemachten Gerichten, für die Erwachsenen eine Bierbrauerei und eine Destillerie sowie ein Hofladen, in dem die auf dem Bauernhof gefertigten Produkte verkauft werden. Ideal als Mitbringsel!

› **Doenes** (s. S. 29). In dem Bastelladen können Kinder an verschiedenen Workshops teilnehmen und z. B. Makramees knüpfen und andere Handarbeiten lernen, LEGO-Figuren bauen etc.

081tx-ug

083tx-ug

⑨ [B6] **Ecomare.** Kinder können bei Ecomare spielerisch eine Menge über die Nordsee, das Wattenmeer und seine tierischen Bewohner lernen (s. S. 36).

› **Essen gehen:** Wenn Mama und Papa drei Gänge essen, müssen sich die Kinder nicht langweilen. Beim Restaurant **Catharinahoeve** (s. S. 27) finden Kinder einen riesengroßen Spielplatz.

› **Klimmen EnZo,** Ferienpark De Krim (s. S. 52), Tel. 0222 317889, geöffnet: Sa., So. 11–17 Uhr, zwischen März und Oktober in den Ferienzeiten tägl. 11–18 Uhr, Kosten: 17,50 €. Der Kletterpark gehört zum Ferienpark De Krim, kann aber auch von anderen Inselgästen genutzt werden. Im Zentrum ist ein zehn Meter hoher Holzturm, von dem auf einer Höhe von vier und von sieben Metern jeweils Parcours wegführen. Dann können sich die Kletterer über Autoreifen, schmale Bretter und Hängebrücken ihren wackligen Weg suchen, natürlich immer gesichert durch Gurte und Haken. Um den Kletterpark nutzen zu dürfen, muss man mindestens 1,30 Meter groß sein, Kinder unter zwölf Jahren dürfen nur in Begleitung ihrer Eltern klettern.

› **Schafbauernhof (Schapenboerderij) Texel** <151> Pontweg 77, Den Burg, Tel. 06 44926046, www.schapenboerderij texel.nl, geöffnet: ab Mitte Februar tägl. 10–16 Uhr, Eintritt: 7 €, Kinder 2–12 Jahre 5,50 €, Hunde dürfen nicht mitgebracht werden. *Lammetjes knuffelen* – mit den Lämmern kuscheln – das geht auf dem Schafbauernhof Texel. Vor allem im März und April herrscht hier Hochbetrieb. Dann wollen Hunderte von neugeborenen Lämmern mal ordentlich gestreichelt und gekuschelt werden. Die Kinder dürfen sich auf einen Strohballen im Stall setzen und dann wird ihnen ein Lamm in die Arme gelegt. Insgesamt leben rund 500 Schafe rund um den Schafbauernhof, im Frühling kommen

Schon mal so ein kleines Lamm auf dem Arm gehabt? Auf dem Schafbauernhof Texel ist das möglich.

noch einmal rund 1000 Lämmer hinzu. Viel Arbeit für Familie Witte, die auch mal bei der Geburt eines Lamms mithelfen muss (Besucher dürfen hierbei auch zuschauen). Hunde sind auf dem Hof ebenfalls im Einsatz: Täglich um 11 und um 14 Uhr zeigt der Schafbauer, was seine fleißigen Helfer können – ein kurzer Ruf genügt und die beiden Hunde schießen aus ihrer Hütte hervor, springen über Zäune und treiben die Schafe zusammen. Außerdem gibt es auf dem Bauernhof auch noch Ponys, Hühner, Kälber, Ziegen, Enten und Kaninchen.

› **Schafmuseum beim Käsebauernhof Wezenspyk** (s. S. 111). Erst kann man das kleine Schafmuseum besuchen und dann dem dort beginnenden Wanderweg (insgesamt 3 km) namens Skéép en Lantskap („Schaf und Landschaft“) folgen, der Wanderer zu einer Handfähre *(trekpontje)* bringt, auf der sie sich aus eigener Kraft über den Bach ziehen können.

› Ein spektakuläres, rund 35 Meter langes **Spielschiff** aus Holz in Oudeschild lädt zum Klettern, Toben und Entdecken ein. Es eignet sich für Kinder ab 3 Jahren und liegt am Jachthafen 21 von Oudeschild. Zudem gibt es einen **Wattwasser-Spielplatz** *(waddenwater speelplaats)*, bei dem man mit Pumpen und Wasserrädern das Meerwasser über allerlei Rinnen und Wasserläufe umleiten kann. Ein spannendes Erlebnis, bei dem die Kleinen auch mal so richtig nass und dreckig werden dürfen. Für die Älteren gibt es eine Seilbahn und eine große Schaukel.

› Der **Sommeltjespad** (s. S. 98) ist ein rund 1,5 Kilometer langer Spazierweg durch den Wald bei De Koog, auf dem einem unter Umständen das eine oder andere Fabelwesen begegnet.

141tx-ug

Auf dem Spielschiff in Oudeschild können sich die Kleinen so richtig austoben

- Zum Ferienpark De Krim (s. S. 52) gehören mehrere **Spielplätze** im Innen- und Außenbereich, die auch von Kindern, die nicht im Ferienpark Urlaub machen, gratis genutzt werden können.
- Obst, Gemüse und Blumen zum Selbsternten und -pflücken – das ist im Obstgarten **Voedselbos** (s. S. 111) der Familie Boersen in Oudeschild möglich. Den ganzen Sommer über gibt es Erdbeeren, im Juli auch Johannis- und Stachelbeeren, im August kommen Brom- und Himbeeren sowie Tomaten hinzu. Sommerblumen und Dahlien kann man von Juli bis Oktober pflücken. Es gibt also eine Menge zu ernten und zu essen, denn das selbstgepflückte Obst schmeckt besonders gut! Nach getaner Arbeit kann man sich auf der Terrasse mit einem Glas Erdbeerlimonade, einem Eis und einem hausgebackenen Kuchen verwöhnen lassen. Außerdem gibt es einen Hofladen, in dem selbstgemachte Marmelade, Limonadensirup und Liköre verkauft werden.
- **Wasserspielplatz De Cocksdorp** <152> Kikkertstraat. An der Hauptstraße des Dorfes wurde ein toller Spielplatz in Form der Insel Texel angelegt, auf dem Kinder mit Wasser spielen und dabei lernen können, wie das Pumpen und Schleusen funktioniert. Am besten Ersatzkleidung mitnehmen.

Notfälle

Die allgemeine **Notrufnummer** ist die 112. Eine **Polizeistation** gibt es auf Texel nur in Den Burg:

- **Polizei (Politie)** <153> Pontweg 104, Den Burg, Tel. 0900 8844, rund um die Uhr geöffnet

Wer etwas verloren hat, der meldet das online unter:

- www.verlorenofgevonden.nl/melding

Kartensperrung

Bei **Verlust der Debit-(Giro-), Kredit- oder SIM-Karte** gibt es für Kartensperrungen eine **deutsche Zentralnummer** (bitte vor der Reise klären, ob die eigene Bank diesem Notrufsystem angeschlossen ist).

Aber Achtung: Mit der telefonischen Sperrung sind die Karten zwar für die Bezahlung/Geldabhebung mit der PIN gesperrt, nicht jedoch für das Lastschriftverfahren mit Unterschrift. Man sollte daher auf jeden Fall den Verlust zusätzlich **bei der Polizei zur Anzeige bringen**, um gegebenenfalls auftretende Ansprüche zurückweisen zu können.

In **Österreich** und der **Schweiz** gibt es keine zentrale Sperrnummer, daher sollten sich Besitzer von in diesen Ländern ausgestellten Debit-(Giro-) oder Kreditkarten vor der Abreise bei ihrem Kreditinstitut über den zuständigen Sperrnotruf informieren.

Generell sollte man sich immer die wichtigsten Daten wie Kartennummer und Ausstellungsdatum separat notieren, da diese unter Umständen abgefragt werden.

- **Deutscher Sperrnotruf:** Tel. +49 116116 oder Tel. +49 3040504050
- **Weitere Infos:** www.kartensicherheit.de, www.sperr-notruf.de

Verletzte Tiere

Wer einen **verwundeten Seehund oder Vogel** auffindet, wird gebeten, dies unter Tel. 0222 317741 bei Ecomare 9 zu melden. Gleiches gilt, wenn man einen **Heuler** am Strand findet, der nach seiner Mutter „weint". Das Seehundbaby wurde nicht zwangsläufig von seiner

Mutter verlassen. Es kann sein, dass das Muttertier den kleinen Heuler durchaus im Auge behält, sich aber wegen der Menschen nicht an ihr Kleines herantraut. Der Heuler sollte auf keinen Fall angefasst werden, sonst wird er von seiner Mutter verstoßen.

Öffnungszeiten

Normalerweise haben in den Niederlanden die meisten **Geschäfte** am Montagmorgen oder manchmal auch den ganzen Montag über geschlossen. Am Sonntagnachmittag haben auf Texel viele Geschäfte geöffnet, sodass die Touristen und Wochenendausflügler ihre Einkäufe tätigen können. In den **Sommermonaten** haben die Geschäfte sogar die ganze Woche über geöffnet – zumindest im Badeort **De Koog** 8. Auch der Supermarkt Jumbo (s. S. 43) in De Koog hat äußerst verbraucherfreundliche Öffnungszeiten.

Post

Man unterscheidet zwischen **nationaler** und **internationaler Post.** Dabei spielt das Format keine Rolle. Es ist also egal, ob man eine Postkarte, einen Brief oder einen A5-Umschlag verschickt – ausschlaggebend für die Höhe des Portos ist das **Gewicht.** Eine gewöhnliche Postkarte oder ein Briefumschlag mit einem Blatt Papier darin dürften nicht mehr als 20 Gramm wiegen und sind daher mit einer **Briefmarke** *(postzegel)* zu versehen. Beträgt das Gewicht der Versendung zwischen 20 und 50 Gramm dann fallen zwei Briefmarken an. Der Preis für eine internationale Briefmarke beträgt 1,75 € (Stand: 2024).

Auf Texel bekommt man Briefmarken in zahlreichen Geschäften und Supermärkten, zum Beispiel in Buchläden, Souvenirgeschäften und Fahrradverleihstationen. Bei Blokker in Den Burg befindet sich auch eine kleine Postfiliale, in der es Briefmarken und eine Annahmestelle für Pakete gibt.

- **Postfiliale Blokker** <154> Parkstraat 28, Den Burg, Mo.–Fr. 9–18, Sa. 9–17 Uhr

Sprache

Auf Texel spricht man **Niederländisch**, einen eigenen Dialekt gibt es auf der Insel kaum mehr. Vereinzelt verwendete Wörter wie *skéép* anstatt *schaap* (Schaf) lassen ihn aber noch erkennen. Übrigens wird der Inselname im Niederländischen nicht mit einem x ausgesprochen, sondern mit ss: **„Tessel“.**

Wer kein Niederländisch spricht, hat dennoch kaum Probleme. Die meisten Insulaner sprechen auch **Deutsch.** Das rührt zum einen daher, dass Niederländer in der Regel sehr sprachbegabt sind und schon in der Schule verschiedene Sprachen lernen (zu denen häufig auch Deutsch gehört). Auch werden Fernsehsendungen hierzulande nicht synchronisiert, und wer gerne Krimis schaut, der lernt beim „Tatort“ schon die ersten Brocken Deutsch. Zum anderen hat man sich auf der Insel auf den Tourismus eingestellt, und weil die Besucher zu einem Drittel aus Deutschen bestehen, wird man dieser Zielgruppe gerecht, indem man sich mit ihr in ihrer eigenen Sprache unterhält oder Speisekarten und Broschüren auf Deutsch anbietet.

Sollte es dennoch einmal vorkommen, dass ein Insulaner kein Deutsch spricht, dann kommt man auf jeden Fall mit **Englisch** weiter. Tipp: Die App Google Übersetzer aufs Smartphone laden. Mit der Kamerafunktion oben links kann man das Handy auf einen niederländischen Text halten (z. B. die Speisekarte im Restaurant) und schon bekommt man die deutsche Übersetzung präsentiert.

Im Anhang dieses Reiseführers gibt es eine kleine **Sprachhilfe**, die einem dabei hilft, die wichtigsten landessprachlichen Begriffe zu lernen (s. S. 136).

Telefonieren

In der EU gibt es keine Roaminggebühren mehr. Damit ist das Telefonieren und Surfen mit dem Handy im EU-Ausland so günstig wie zu Hause – es sei denn, man nutzt das Handy im Ausland über einen längeren Zeitraum hinweg, dann können je nach Anbieter Nutzungsobergrenzen gelten.

Telefonvorwahlen

- **Deutschland** +49
- **Österreich:** +43
- **Schweiz:** +41
- **Niederlande:** +31
- **Texel:** 0222

Wer auf Texel über das Festnetz telefoniert, muss die Ortsvorwahl nicht wählen. Anders mit dem Handy, dann wird die 0222 vor die gewünschte Nummer gesetzt.

⊡ *Alle Mann an Bord und los geht es zum Garnelenfischen*

Touren

Boots- und Schiffstouren

Nach Vlieland

Vom Strand von De Cocksdorp aus kann man in den Sommermonaten mit einem kleinen Schiff zur Nachbarinsel Vlieland übersetzen (s. S. 51).

Zu den Seehundbänken

Das Küstenmotorschiff **„Het Sop"** ist ein kleineres Boot, mit dem die Gäste an Bord nah an die Seehundpopulationen herankommen können. Die Fahrt dauert ungefähr 1½ Stunden. Der Anbieter gibt eine 100-prozentige Seehund-Sichtungsgarantie. Eine vorherige Reservierung wird empfohlen.

- **Het Sop** <155> Haven, Oudeschild, Tel. 06 20920594 oder 06 26822450, http://zeehondentexel.nl/de, Preise: Erw. 30 €, Kinder bis 5 Jahre 20 €. Abfahrtszeiten siehe Website.

Bei der **Wad-Experience** bringt ein Schnellboot max. 12 Personen von Oudeschild zur Razende Bol, einer Sandbank. Dort stehen die Chancen gut, in der Sonne dösende Seehunde zu entdecken.

- **Wad Experience** <156> Haven 8, Oudeschild, www.bruuzertexel.nl, Preis: ca. 40 € p. P., Reservierung über die Website oder Tel. 06 20031474

Zu den Sandbänken

Mit dem Fischkutter **TX10 Emmie** geht es hinaus aufs Wattenmeer zu einer Sandbank. Dort erfährt man eine Menge übers Watt. Mit einem Kescher werden Meerestiere gefangen, die an Bord des Schiffes analysiert und erklärt werden, bevor sie (lebend) wieder zurück ins Meer kommen.

- **Sandbankfahrten** <157> Haven 8, Oudeschild, https://hetwadop.nl, Dauer der Fahrt: 3 Stunden, Preis: 30 € p. P., Reservierung unter Tel. 06 51044235. Der gleiche Anbieter hat auch Garnelenfischer-Ausflüge im Programm (s. unten).

Zum Garnelenfischen

Zum Garnelenfischen fährt man mit der **TX 20**: Mit Kapitän Herman geht es zur Fischfangfahrt auf das Wattenmeer. Schon bald nach dem Verlassen des Hafens von Oudeschild werden die Netze ausgeworfen. Die gefangenen Garnelen werden auf dem Schiff gekocht, gepellt und dann gegessen.

› **Garnelenfischen,** https://garnalenvissenoptexel.nl/de, Dauer der Fahrt: 2 Stunden, Preis: 20 € p. P., Reservierung unter Tel. 06 51528174

Fahrradtouren

Ein Fahrrad ist auf Texel *das* Fortbewegungsmittel. Ob auf dem Weg zur Arbeit, zur Schule oder zum Strand – ein Texelaner fährt Rad. Diesem Vorbild sollten sich auch die Touristen anschließen, denn das **170 Kilometer** lange, gut ausgebaute **Radwegenetz** führt einen überall hin – selbst dorthin, wo Autos nicht erlaubt sind. Texel wurde sogar schon zur besten Fahrradregion der Niederlande gekrönt.

Es ist also nicht verwunderlich, dass es auf der Insel viele unterschiedliche **Radtouren** gibt, deren genaue Streckenverläufe es als Broschüren beim VVV Texel (s. S. 23) zu kaufen gibt.

085tx-ug

086tx-ug

Inselrundflüge

Tessel Air bietet Rundflüge über die Insel und einen Teil des Wattenmeers an. Ein 15-minütiger Flug führt über die Insel, bei einer halben Stunde sieht man auch Den Helder und Vlieland. Wer eine Dreiviertelstunde in der Luft bucht, fliegt bis nach Terschelling. Die Preise beginnen bei 120 € für zwei Erwachsene.

› www.tessel-air.nl, Buchung beim **Paracentrum Texel** (s. S. 99)

Kutschfahrten

■ **Jan Plezier Kutschfahrten** <158> Abfahrten an der Straße Nikadel in De Koog (8) (Bushaltestelle), Tel. 06 20097793, www.janpleziertexel.nl, Mo.–Sa. um 10 und um 14 Uhr, Kosten: Erw. 25 €, Kinder 2–12 Jahre 15 €. Vorher reservieren.

› **Kikkerts Paradise:** Angeboten werden Kutschfahrten rund um den Hoge Berg, allerdings nur für Familien oder Gruppen, daher vorherige Preis- und Terminabsprache unter Tel. 0222 310002 notwendig (Infos: www.kikkertsparadise.nl).

Naturexkursionen

Der **TXgids** (Führer) Marcel Wijnalda bietet lehrreiche Führungen durch Wald, Strand, Meer, Polder, Heide und das Watt an. Man kann entweder eine Privattour mit der Familie buchen (50 €) oder sich einer Führung anschließen (16 €, Dauer: 2 Std.). Buchung auch auf Deutsch unter:

› www.txgids.nl/de.

Solex-Touren

Eigentlich sind sie recht laut, diese alten Mofas mit dem knatternden Motor. Und wenn man einer Reihe von Solex-Fahrern auf einem ruhigen Waldweg begegnet, dann wünscht man sie dorthin, wo der Pfeffer wächst. Dennoch haben die Mofas Kultstatus und sind zu mieten:

■ **Solex Verhuur Texel** <159> Maricoweg 4, Den Burg, Tel. 06 22710709, www.solexverhuurtexel.nl

Wer nicht laufen möchte, fährt mit Jan Plezier durch De Slufter (34)

Mit dem Tuk Tuk über die Insel tuckern

Tuk-Tuk-Fahrten

Es ist immer ein netter Anblick, wenn die dreirädrigen Fahrzeuge über die Insel tuckern. Wer gern mitfahren möchte, der kann an einer „Tuk Tuk Safari" teilnehmen oder sogar ein eigenes Tuk Tuk mieten. Alle Informationen stehen auf der Website, allerdings nur auf Niederländisch.

- **TukTuk Express** <160> im Hafen von Oudeschild, Tel. 06 21452052, www.tuktukexpresstexel.nl

Unterkunft

Allgemeines

In den letzten Jahren ist auf Texel ein **Trend zu exklusiveren Unterkünften** erkennbar. Hotels eröffnen als Boutiquehotels mit Deluxe-Suiten und Preisen ab 175 € ohne Frühstück. Ferienhäuser entstehen als Luxusvillen mit riesengroßen Fenstern, Sauna und Bodenheizung. Zum Glück gibt es aber noch ausreichend bodenständige Übernachtungsmöglichkeiten auf der Insel. Für alle Unterkunftsarten wird eine **Touristenabgabe** (s. S. 119) erhoben.

Es gibt viele **Ferienhäuser und -wohnungen** auf der Insel. Dieser Anbieter vermietet inselwelt:

- **Texelduinen,** Tel. 06 53835860, www.texelduinen.de. Das Unternehmen vermittelt exklusive Ferienhäuser, -wohnungen und Villen. Alle Unterkünfte haben eine besondere Note. So gibt es Wohnungen in einem historischen Haubarg oder direkt am Naturschutzgebiet.

Campingplätze

Ob in den Dünen oder im Wald – die Niederländer lieben Camping, daher gibt es auch auf Texel ausreichend Campingplätze. Die Palette reicht von ganz einfachen Mini-Zeltplätzen beim Bauern (z. B. beim Spargelhof Keijser, s. S. 110) bis zu Luxus-Campingplätzen mit privater Sanitäranlage. **Wild zu campen** ist dagegen **verboten** und auch mit einem **Wohnmobil** darf man nur auf einem Campingplatz übernachten. Für Wohnmobilreisende gibt es dort oftmals eigene Bereiche, z. B. beim **Ferienpark De Krim** (s. S. 52, www.krim-texel.de/campingplaetze-texel/wohnmobilstellplatz). Diese sollten frühzeitig reserviert werden.

Sehr naturnah sind die Campingplätze **De Robbenjager** und **Lan-**

087tx-ug

dal Sluftervallei (beim Ferienpark, s.S.53), die an Dünen und Strand grenzen (De Cocksdorp). Wer dagegen Action sucht und seinen Kindern während des Campingurlaubs Schwimmbad, Spielplatz, Kletterpark und Reitmöglichkeiten bieten möchte, der ist im Ferienpark De Krim gut aufgehoben. Sehr **strandnah** ist **Camping Kogerstrand** (s.S.40) in De Koog, wo man den Urlaub zwischen Dünen verbringt. Zum Strand und ins Dorf sind es nur wenige Meter. Lieber ruhig und mitten im Naturschutzgebiet? Dann ist **Texelcamping Loodmansduin** in Den Hoorn sicher eine gute Entscheidung.

Mini-Campingplätze und Zeltplätze beim Bauern gibt es auf Texel ebenfalls zuhauf. Rund 35 davon verzeichnet die Insel. Unter www.texel.net gibt es eine Übersicht.

Jugendherberge

Früher hieß es Jugendherberge, heute heißt es Hostel. Viele der ehemaligen Jugendherbergen in den Niederlanden fungieren heute unter dem Namen Stayokay. Mit fröhlichen Farben, modernem Design und in attraktiven Lagen haben sie nicht mehr viel mit dem verstaubten Image von früher gemeinsam. Ein Aufenthalt in einem Stayokay-Hostel ist auch für Familien eine denkbare Alternative. Im **Stayokay** (s.S.26) in Den Burg gibt es neben 4- und 6- auch 2-Bett-Zimmer, dann aber mit einem Stockbett. Im Preis ist auch ein Frühstück inbegriffen.

Ferienparks

Ferienparks *(vakantiepark)* sind eine begehrte Unterkunftsvariante in den Niederlanden und auf Texel hat man sich so richtig ausgetobt. Man sieht sie überall auf der Insel: große, kleine, mittlere Ferienparks, mit Ferienhäusern und meist auch angeschlossenem Campingplatz, mit Supermarkt und Badeparadies, Kinderbetreuung und Freizeitprogramm. Einer der größten Parks, 1969 von einer Gruppe Insulaner gegründet, ist **De Krim** (s.S.52). Er ist fast so groß und umfangreich wie ein Dorf: Man findet dort Einkaufsmöglichkeiten, Frei- und Hallenbad, mehrere Restaurants und unzählige Freizeitmöglichkeiten. Die Unterkünfte reichen von Familienvil-

So manche Unterkunft auf Texel bietet ein Frühstück im Garten an

089tx-ug

len über Hotel-Chalets bis zu Bungalows. Weitere große Ferienparks mit schönen Ferienhäusern sind **Landal Sluftervallei** (s. S. 53) in De Cocksdorp und die **Landal-Ferienparks** in De Koog (s. S. 41).

Hotels

Zum Glück blieben der Insel große Bettenburgen und Hotelhochhäuser erspart, auf Texel dominieren die kleineren Hotels. Zu den größeren und exklusiveren Häusern zählen das Viersternehotel **Opduin** (s. S. 40) mit 96 Zimmern, das am Rande der Dünen von De Koog liegt, und das Viersternehotel **Greenside** (s. S. 40), ebenfalls in De Koog. Modernes Design in Luxuszimmern und -Suiten findet man immer häufiger auf Texel, u. a. bei **Bij Jef** (s. S. 72), bei **Op Oost** (s. S. 58) und im **Boutique Hotel Texel** (s. S. 52). In den dazugehörigen Restaurants speist man hervorragend.

Gruppenunterkünfte

Schöne, nachhaltige Unterkünfte in Villen für 12 bis 58 Personen lassen sich über www.nieuwleventexel.nl mieten. Des Weiteren sind Gruppenunterkünfte auch über den VVV Texel (s. S. 23) buchbar.

Außergewöhnliche Unterkünfte

Dass die Insulaner stolz auf ihre Insel sind, spürt man überall. Man kocht mit den Erzeugnissen der Insel, schenkt das inseleigene Bier und den Likör aus, dekoriert mit Strandgut und Jutterholz. Logisch ist dann auch, dass man in Bezug auf Unterkünfte auf die Charaktereigenschaften der Insel setzt. Und so werden unter dem Motto „Zo Texels“ **authentische** und **eigensinnige Unterkünfte** angeboten. Gäste können beispielsweise auf dem Bauernhof Hoogvliet (s. S. 110) übernachten und den 600 Schafen Gesellschaft leisten. Auch eine alte Schmiede, ein mongolisches Jurtenzelt in den Dünen oder eine Ferienwohnung mit Alkoven gehören zu den Möglichkeiten. Immer mit im Preis inbegriffen ist ein freundlicher Empfang durch die Gastgeber, ein paar gute Tipps und ein echtes Watteninsel-Gefühl, denn alle Dienstleister sind mit dem Gütesiegel „Waddengoud“ ausgezeichnet.

› Angebot in deutscher Sprache: www.texel.net/de/uebernachten/zo-texels

Buchungsportale

Neben Buchungsportalen für **Hotels** (z. B. www.booking.com, www.hrs.de oder www.trivago.de) bzw. für **Hostels** (z. B. www.hostelworld.com) gibt es auch Anbieter, bei denen man **Privatunterkünfte** buchen kann. Portale wie www.airbnb.de oder www.wimdu.de vermitteln Wohnungen, Zimmer oder auch nur einen Schlafplatz auf einer Couch. Diese oft recht günstigen Übernachtungsmöglichkeiten sind nicht unumstritten, weil manchmal normale Wohnungen gewerblich missbraucht werden. Einige Städte greifen deshalb regulierend ein.

Verkehrsmittel

Busse

Der **Bus 28** startet am Fährhafen 't Horntje auf Texel (sobald die Fähre angekommen ist und alle Passagiere ausgestiegen sind). Um zum Bus zu gelangen, verlässt man die Fähre auf der rechten Seite. Vom Fährhafen aus fährt der Bus weiter nach Den Burg und De Koog. Bezahlt wird im Bus. **Tickets** kann man beim Busfahrer kaufen, allerdings im Bus 28 nur mit Debit- oder Kreditkarte.

Möchte jemand z. B. weiter nach De Cocksdorp oder zwischen bestimmten Orten einen Bus nutzen, dann kommt der **Texelhopper** zum Einsatz. Man muss ihn mindestens eine halbe Stunde vor der gewünschten Abfahrt online (www.texelhopper.nl/de), über die Texelhopper-App (s. S. 121) oder telefonisch (Tel. 0222 784000) bestellen. Mit dem Texelhopper kann man zwischen 130 Zustiegsstellen hin und her reisen (s. Website). Die Kosten pro Fahrt betragen 3 € – egal, wie groß der Abstand ist. Für 7,70 € erhält man eine Tageskarte, für 38,50 € eine Wochenkarte.

Taxis

Seit Jahren kutschiert Taxi Dirk (ansässig in De Koog) Gäste über die Insel. Es gibt auch einen Taxibus sowie einen Taxi-Service zum Fährhafen Texel oder zum Flughafen Schiphol bei Amsterdam.

- **Taxi Dirk** <161> Plevierstraat 7, De Koog, Tel. 06 23203050, www.taxidirk.nl/index.php/de

Wetter und Reisezeit

Gute Nachrichten: Auf Texel scheint – vor allem im Frühling – die Sonne häufiger als auf dem Festland. Allerdings liegen im Frühling und Sommer die Temperaturen etwas niedriger als auf dem Festland, wobei es im Herbst und Winter aufgrund des Meereseinflusses etwas milder sein kann als im Landesinneren. Nicht zu unterschätzen ist der **Wind**, der eigentlich fast immer weht und sich im Herbst und Winter auch zu Stürmen aufbauen kann. Dank des Windes gibt es selten Nebel oder einen komplett bedeckten Himmel. Häufig lässt sich zumindest zwischendurch mal die **Sonne** blicken.

Ein Urlaub auf Texel hat zu jeder Jahreszeit seinen Reiz. Im **Herbst** und **Winter** kann man herrlich am Strand „uitwaaien", wie die Holländer sagen, also sich den Kopf freipusten lassen. Im **Sommer** dagegen lässt sich prima das Strandleben genießen. Besonders schön ist Texel im **Frühling**, wenn die Tulpen und Narzissen blühen und man in einem Strandbistro die ersten Sonnenstrahlen genießen kann. Auch zum Wandern und Radfahren eignet sich der Frühling besonders gut.

▷ *Ausgediente Boje am Postweg*

Durchschnitt	Wetter auf Texel											
	Jan	Febr	März	Apr	Mai	Juni	Juli	Aug	Sept	Okt	Nov	Dez
Maximale Temperatur	5°	6°	9°	13°	16°	18°	21°	21°	18°	14°	9°	7°
Minimale Temperatur	1°	1°	3°	4°	8°	10°	13°	13°	11°	7°	4°	2°
Regentage	19	16	17	14	14	16	16	16	18	18	21	19
Wassertemperatur	6°	5°	6°	9°	12°	15°	18°	19°	18°	15°	11°	8°

ANHANG

090tx-ug

Kleine Sprachhilfe

Die folgenden Wörter und Redewendungen wurden dem Reisesprachführer „Niederländisch – Wort für Wort" (Kauderwelsch-Band 66) aus dem Reise Know-How Verlag entnommen und sollen dem Leser eine erste kurze Einführung in die niederländische Sprache bieten.

Aussprache

Die folgenden Buchstaben(kombinationen) werden anders als im Deutschen ausgesprochen. Die zweite Spalte gibt die Lautschrift wieder.

ch, g	ch	raues „ch" wie in „lachen"
g	sh	bei französ. Wörtern vor e, i, y wie zweites „g" in „Garage"
ng	ng	„ng" wie im Deutschen „bringen"
e	è	kurzes „e" wie in „bitte"
ei, ij	äj	wie „ey"
eu	öö	wie ein langes „ö"
oe	u	kurzes „u" wie in „Bus"
ou	au	wie „au" in „Maus"
s	ß	stimmloses „s" wie in „Bus"
sch	ßch	wie „ß" und dann „ch" in „Häuschen" (kein deutsches „sch")
sj	sch	deutsches „sch" wie in „Schule"
tj	tch	zwischen „tch" und „tj" wie in „Kärtchen"
u	üü	langes „ü" wie in „Mühe", oder:
	ö	kurzer Laut zwischen „i" und „ö"
ui	öi	etwa wie „öi" in „Feuilleton"
v	v	zwischen „f" und „w"
z	s	stimmhaftes „s" wie in „Rose"

Am Wortende gibt es folgende Besonderheiten:

-b	-p	wie „p"
-d	-t	wie „t"
-ig	-èch	„ech" mit weichem „ch" (kein „ä")
-isch	-ieß	„ieß" (mit langem „i")
-n		wird manchmal verschluckt
-lijk	-lèk	„lek", klingt fast wie „lök"
-tie	-zie	„zie" (mit langem „i")

Häufig gebrauchte Wörter und Redewendungen

Wochentage

maandag	maandach	Montag
dinsdag	dinßdach	Dienstag
woensdag	wunßdach	Mittwoch
donderdag	dondèrdach	Donnerstag
vrijdag	vräjdach	Freitag
zaterdag	saatèrdach	Samstag
zondag	sonndach	Sonntag

Zahlen

0	*nul*	nöll
1	*een*	een
2	*twee*	twee
3	*drie*	drie
4	*vier*	vier
5	*vijf*	väjf
6	*zes*	säß
7	*zeven*	seevèn
8	*acht*	acht
9	*negen*	neechèn
10	*tien*	tien
11	*elf*	älf
12	*twaalf*	twaalf
13	*dertien*	därrtien
14	*veertien*	veertien
15	*vijftien*	väjftien
16	*zestien*	säßtien
17	*zeventien*	seevèntien
18	*achtien*	achtien
19	*negentien*	neechèntien
20	*twintig*	twintich
21	*eenentwintig*	eenèntwintich
22	*tweeëntwintig*	tweeèntwintich
23	*drieëntwintig*	drieèntwintich

+++ Die wichtigsten Wörter mit dem Bonus-Audiotrack des Kauderwelsch-

30	*dertig*	därrtich	102	*honderdtwee*	hondèrdtwee (usw.)
40	*veertig*	veertich			
50	*vijftig*	väjftich	200	*tweehonderd*	tweehondèrd
60	*zestig*	sßtich	300	*driehonderd*	driehondèrd
80	*tachtig*	tachtich	1000	*duizend*	döisènd
90	*negentig*	neechèntich	2000	*tweeduizend*	tweedöisènd
100	*honderd*	hondèrd	10.000	*tienduizend*	tiendöisènd
101	*honderdeen*	hondèrdeen	1.000.000	*een miljoen*	een milljunn

Die wichtigsten Fragewörter

welke?	wällkè	welches?
wat voor een?	wat voor een	was für ein?
waar?	waar	wo?
waarvandaan?	waarvanndaan	woher?
waarnaartoe?	waarnaatu	wohin?
waarom?	waaromm	warum?
hoe?	hu	wie?
hoeveel?	huveel	wie viel?
wanneer?	wanneer	wann?
waarmee?	waarmee	womit?

Die wichtigsten Richtungsangaben

(naar) rechts/links	naar rächtß/linkß	(nach) rechts/links
rechtdoor	rächtdoor	geradeaus
terug	tèröch	zurück
tegenover	teechènoovèr	gegenüber
tussen	tößèn	zwischen
voor – achter	voor – achtèr	vor(ne) – hinten/-r
over – onder	oovèr – onndèr	über – unter
hier – daar	hier – daar	hier – dort
ver – dichtbij	värr – dichtbäj	weit – nah
buiten	böitèn	außerhalb
in het centrum	in hèt ßäntröm	im Zentrum
om de hoek	om dè huk	um die Ecke

Die wichtigsten Zeitangaben

(over)morgen	(oovèr)morchèn	(über)morgen
's morgens	ßmorchènß	morgens
's middags	ßmiddachß	mittags
's avonds	ßavèndß	abends
dagelijks	daachèlèkß	täglich
eerder – later	eerdèr – laatèr	früher – später
nou, nu – gauw	nau, nü – chauw	jetzt – bald

Die wichtigsten Fragen

Wat is dat? wat iß dat	Was ist das?
Kunt u me vertellen ...? könnt ü mè vèrtällèn	Können Sie mir sagen ...?
Is er ...? - Heeft u ...? iß èr - heeft ü	Gibt es ...? - Haben Sie ...?
Ik wou graag ... ik wau chraach	Ich hätte gerne ...
Ik zoek ... - Ik neem ... ik suk - ik neem	Ich suche ... - Ich nehme ...
Waar vind ik ...? waar vind ik	Wo finde ich ...?
Ik heb ... nodig. ik häp noodich	Ich brauche ...
Waar kan ik ... kopen? waar kann ik ... koopèn	Wo kann ich ... kaufen?
Kunt u me ... geven? könnt ü mè ... cheevèn	Können Sie mir ... geben?
Hoeveel kost dat? huveel koßt dat	Wie viel kostet das?
Waar is ...? waar iß	Wo ist ...?
Hoe kom ik naar ...? hu komm ik naar	Wie komme ich nach ...?
Hoeveel kost de rit naar ...? huveel koßt dè rit naar	Wie viel kostet die Fahrt nach ...?
Ik wil graag naar ... ik will chraach naar	Ich möchte nach ... (Taxi)
Hoe lang duurt ...? hu lang düürt	Wie lange dauert ...?

Nichts verstanden? – Weiterlernen!

Ich spreche kaum Niederländisch.	*Ik spreek bijna geen Nederlands.* ik ßpreek bäjna cheen needèrlandß
Wie bitte? (geduzt/gesiezt)	*Wat zeg je/zegt u?* wat säch jè/sächt ü
Ich habe dich/Sie nicht verstanden.	*Ik heb je/u niet verstaan.* ik häp jè/ü niet vèrßtaan
Sprichst du/sprechen Sie Englisch/ Deutsch?	*Spreek jij/spreekt u Engels/Duits?* ßpreekt ü/ßpreek jäj ängelß/döitß
Was heißt ... auf Niederländisch/ Deutsch?	*Wat is ... in het Nederlands/Duits?* wat iß ... in hèt needèrlandß/döitß
Kannst du/können Sie das wiederholen?	*Kun je/Kunt u dat nog een keer zeggen?* könn jè/könnt ü dat noch een keer sächèn

Könnten Sie etwas langsamer sprechen?	*Zou u iets langzamer kunnen spreken?* sau ü ietß langsaamèr können ßpreekè
Was bedeutet dieses Wort?	*Kunt u me vertellen wat dit woord betekent?* könnt ü mè vèrtällèn wat dit woord bèteekènt
Wie spricht man dieses Wort aus?	*Hoe spreekt u dit woord uit?* hu ßpreekt ü dit woord öit
Können Sie mir das bitte aufschreiben?	*Wilt u mij dat alstublieft opschrijven?* willt ü mäj dat aßtüblieft opßchräjvèn

Die wichtigsten Floskeln und Redewendungen

ja – nee jaa – nee	ja – nein
dank u – dank je wel dank ü – dank jè wäl	danke (gesiezt – geduzt)
alsjeblieft – alstublieft aßjèblieft – aßtüblieft	bitte (geduzt – gesiezt)
Graag gedaan. chraach chèdaan	Keine Ursache./ Gern geschehen.
Dankjewel, hetzelfde! dankjèwäl, hètsälfdè	Danke gleichfalls! (geduzt)
Goedemorgen!/Goededag! chujèmorchèn/chujèdach	Guten Morgen/Tag!
Goedenavond! chujènaavènd	Guten Abend!
Welterusten! wälltèrößtèn	Gute Nacht!
Welkom! wällkomm	Willkommen!
Hallo!/Hoi! – Doei! hallo/hoj – duj	Hallo! – Tschüss!
Tot ziens! tott sienß	Auf Wiedersehen!
Tot gauw. tot chauw	Bis bald.
Hoe gaat het (met jou/u)? hu chaat hèt (mät jau/ü)	Wie geht's (dir/Ihnen)?
Dank u wel, goed! dank ü wäll, chut	Danke, gut. (gesiezt)
Eet smakelijk! – Proost! eet ßmaakèlèk - prooßt	Guten Appetit! – Prost!
Sorry! – Het spijt me. ßorrie – hèt ßpäjt mè	Entschuldigung! – Es tut mir leid.
Is niet erg./Is Okee. iß niet ärch/iß okee	Macht nichts! (Antwort auf Entschuldigung)

Register

Impressum

Ulrike Grafberger

InselTrip Texel

5., neu bearbeitete und aktualisierte Auflage 2024

ISBN 978-3-8317-3800-7

Printed in Germany

Druck und Bindung:
mediaprint solutions GmbH, Paderborn

Herausgeber: Ulrich Kögerler, Klaus Werner
Layout: amundo media GmbH (Umschlag, Inhalt), Peter Rump (Umschlag)
Lektorat: amundo media GmbH
Karten: Ingenieurbüro K. Wendler, amundo media GmbH
Anzeigenvertrieb: KV Kommunalverlag GmbH & Co. KG, Alte Landstraße 23, 85521 Ottobrunn, Tel. 089 928096-0, info@kommunal-verlag.de
Kontakt: Osnabrücker Str. 79, 33649 Bielefeld, info@reise-know-how.de

Alle Angaben in diesem Buch sind gewissenhaft geprüft. Preise, Öffnungszeiten usw. können sich jedoch schnell ändern. Für eventuelle Fehler übernehmen Verlag wie Autorin keine Haftung.

Bildnachweis
Umschlagvorderseite: © Spada Films, stock.adobe.com
Umschlagrückseite und Umschlagklappe rechts: Ulrike Grafberger
Soweit ihre Namen nicht vollständig am Bild vermerkt sind, stehen die Kürzel an den Abbildungen für die folgenden Fotografen, Firmen und Einrichtungen. Ulrike Grafberger: ug | Wikipedia: wp | René Pop: rp | Ecomare: ec

Texel mit PC, Smartphone & Co.

QR-Code auf dem Umschlag scannen oder **www.reise-know-how.de/inseltrip/texel24** eingeben und die **kostenlose Web-App** aufrufen (Internetverbindung zur Nutzung nötig)!

★**Anzeige der Lage und Satellitenansicht aller** beschriebenen Sehenswürdigkeiten und weiteren Orte
★**Routenführung** vom aktuellen Standort zum gewünschten Ziel
★**Exakter Verlauf** der empfohlenen Wanderungen
★**Audiotrainer** der wichtigsten Wörter und Redewendungen
★**Updates** nach Redaktionsschluss

GPS-Daten zum Download

Die GPS-Daten aller Ortsmarken und Wanderungen stehen auf der Produktseite des Titels auf www.reise-know-how.de zum Download zur Verfügung.

Inselplan für mobile Geräte

Um den Inselplan auf Smartphones und Tablets zu nutzen, empfehlen wir die App „Avenza Maps" der Firma Avenza™. Über die Funktion „Store" kann die „Islandmap Texel 2024" kostenlos geladen werden.

Die Information über und die Bereitstellung von digitalen Zusatzinhalten (z. B. Web-App, Links, GPS-Tracks o. Ä.) ist eine freiwillige Zusatzleistung des Verlages, auf die kein Anspruch besteht und für deren Richtigkeit aufgrund der Veränderlichkeit solcher Informationen auch nicht gehaftet werden kann. Insbesondere behält sich der Verlag deshalb vor, die Bereitstellung und die Zugriffsmöglichkeit zeitlich zu befristen und den Zugriff hierauf auch vorfristig abzuschalten.

Zeichenerklärung

- Sehenswürdigkeit
- Ausflugsziel
- Campingplatz
- Golfplatz
- Hafen
- Kirche
- Parkplatz
- Strandabschnitt (Paal)

- Wanderungen 1 bis 5 (s. S. 94 bis 98)

- Übernachtung/Unterkunft
- Essen und Trinken
- Einkaufen/Sonstiges
- Aktiv
- Nachtleben

Bewertung der Attraktionen

★★★ nicht verpassen
★★ besonders sehenswert
★ wichtig für speziell interessierte Besucher

092tx-ug

Weisheit im Restaurant des Grand Hotel Opduin (s. S. 40)